大渠天心

三编

郑长铃 ● 著

文化艺术出版社
Culture and Art Publishing House

图书在版编目（CIP）数据

大乐天心三编 / 郑长铃著. -- 北京：
文化艺术出版社, 2020.12
ISBN 978-7-5039-7057-3

Ⅰ. ①大… Ⅱ. ①郑… Ⅲ. ①非物质文化遗产—保护
—研究—中国 Ⅳ. ①G122

中国版本图书馆CIP数据核字（2020）第267919号

大乐天心三编

著　　者　郑长铃
书名题字　冯洁轩
责任编辑　蔡宛若　刘　颖
责任校对　邓　运
书籍设计　马夕雯
出版发行　文化艺术出版社
地　　址　北京市东城区东四八条52号　（100700）
网　　址　www.caaph.com
电子邮箱　s@caaph.com
电　　话　（010）84057666（总编室）　84057667（办公室）
　　　　　84057696—84057699（发行部）
传　　真　（010）84057660（总编室）　84057670（办公室）
　　　　　84057690（发行部）
经　　销　新华书店
印　　刷　国英印务有限公司
版　　次　2021年3月第1版
印　　次　2021年3月第1次印刷
印　　张　14.5
字　　数　200千字
开　　本　710毫米×1000毫米　1/16
书　　号　ISBN 978-7-5039-7057-3
定　　价　58.00元

重释文化，助推高质量发展*

（代序）

“后疫情”时期，经济全球化受到重创，国际交流合作遭遇瓶颈，“当今世界正经历百年未有之大变局，新一轮科技革命和产业变革深入发展，国际力量对比深刻调整，和平与发展仍然是时代主题，人类命运共同体理念深入人心，同时国际环境日趋复杂，不稳定性不确定性明显增加”①。在这样日趋复杂的新形势下，我国正在落实新的发展理念，努力实现向“高质量发展”阶段的转变，在这一过程中，文化作为国家、民族发展的内在深层动力，其内涵、地位与作用也待重新审视和调整。

一、顶层设计中对文化的阐释

2017 年，习近平总书记在十九大报告中首次提出“我国经济已由高速增长阶段转向高质量发展阶段”。发展是硬道理，这个硬道理经历了“以

* 本文原载于《中华英才》2020 年第 24 期。

① 《中国共产党第十九届中央委员会第五次全体会议公报》。

经济建设为中心”、“全面协调可持续”发展，再到今天的“高质量发展”。作为当今中国面临的最主要的问题，发展的内涵一直在不断调整、更新。将发展和“高质量”挂钩，是一个伟大的划时代的判断，就是要在追求经济发展的同时，关注发展的质量，关注发展的内动力——文化的成长和协调。这种发展观可以用“软”和“硬”两个字来概括，即软实力和硬实力，强调全面发展；而深思熟虑之后，其中更重要的是着眼长远、兼顾多位、立基于民族的根与魂——文化。中华人民共和国成立70年来，我们所取得的硬实力的进步是举世瞩目的；软实力虽然还有短板要补，但也在探索实践中取得了一定的成果。当下，更进一步将“软”作为“硬”的前提来思考、谋划，实际上就是一种“大局观、长远观、整体观”，是大文化观照下的创新性发展理念。

软实力在“高质量发展”布局中占据着如此重要的地位，应如何发展之？2013年12月30日，习近平总书记在十八届中央政治局第十二次集体学习时指出：“中华文化是我们提高国家文化软实力最深厚的源泉，是我们提高国家文化软实力的重要途径。”党的十九大报告则将中国特色社会主义文化分为中华优秀传统文化、革命文化和社会主义先进文化三部分，并指出：“文化是一个国家、一个民族的灵魂。文化兴国运兴，文化强民族强。”我国正式将文化提升到至关重要的位置，提升到国家和民族发展之根本的位置；强调文化自信是一个民族最深沉、最广泛、最基础的自信，也是道路自信、制度自信、理论自信的基础，同时也是更基本、更深沉、更持久的力量！

早在20世纪80年代末，习近平总书记在闽东工作时就已经注意到了文化建设的重要性，提出文化是闽东经济社会发展的内在动力。他在《闽东之光——闽东文化建设随想》中深入阐释了自己的思考，认为应该深入挖掘闽东地区的文化，摆正思想观念，振奋精神，建立对闽东文化的自信。后来，他将这种思考扩展了，考虑到整个民族、国家的发展和延续，他指出：“一个地区的文化建设内容很多，有一个重要的着眼点就是要弘扬地方的传统文化。从整个国家来说，中华民族的传统文化在民族的延续和发展中起到了积极的作用。”[①] 这种对于文化的思考，在其之后的治国理政过程中不断深入。

2012 年 11 月 29 日，习近平总书记带领中央政治局常委一起参观“复兴之路”展览，指出：“每个人都有理想和追求，都有自己的梦想。现在，大家都在讨论中国梦，我以为，实现中华民族伟大复兴，就是中华民族近代以来最伟大的梦想。”中华民族的伟大复兴，包括对中华文化的复兴，是基础根本，是根与魂。十八大以来，习近平总书记不断强化对继承中华民族优秀传统文化、树立文化自信的认识，强调文化在社会发展中的作用。在“实现民族伟大复兴的中国梦”的宏伟目标下，文化复兴成为发展主题的深层内涵和变奏、复调，在硬实力高速发展的同时，软实力发展问题激发出层层波浪。

正如习近平总书记 2013 年 11 月 26 日在山东曲阜孔府和孔子研究院参观考察时讲到的：“中华民族伟大复兴需要以中华文化发展繁荣为条件。”而文化的繁荣发展，却是以对自身文化的清晰了解为基础和前提的。只有在自识的基础上，才能树立传承保护民族文化的自觉，从而达到对文化的自珍与自爱，确立文化自信。2014 年 2 月 24 日，习近平总书记在中共中央政治局第十三次集体学习时指出：“要讲清楚中华优秀传统文化的历史渊源、发展脉络、基本走向，讲清楚中华文化的独特创造、价值理念、鲜明特色，增强文化自信和价值观自信。”

具体来说，要实现民族伟大复兴，推动高质量发展，首先要了解自己民族的历史文化。不知我中华，何谈爱我中华乃至建设中华。追寻民族文化的根魂，了解自己文化的历史、内涵、特点与价值是十分必要的。习近平总书记同时提出，要认真汲取中华优秀传统文化的思想精髓，挖掘其时代价值，使中华优秀传统文化成为社会主义核心价值观的重要源泉，“要处理好继承和创造性发展的关系，重点做好创造性转化和创新性发展”。

---

① 习近平：《闽东之光——闽东文化建设随想》，载《摆脱贫困》，福建人民出版社 1992 年版，第 16—19 页。

2017年1月25日，中共中央办公厅、国务院办公厅联合发布了《关于实施中华优秀传统文化传承发展工程的意见》(以下简称《意见》)。《意见》第一次以中央文件的形式专题阐述了中华优秀传统文化的传承发展工作，为传承发展中华优秀传统文化提供了方法、路径上的指导，指出要坚持中华传统文化的创造性转化和创新性发展，使其与当代文化相适应、与现代社会相协调，把传统文化融入国民教育、文艺创作与生产生活。

十九大以后，2019年3月，习近平总书记看望参加全国政协十三届二次会议的文化艺术界、社会科学界委员，并参加联组会，又发表了《一个国家、一个民族不能没有灵魂》的重要讲话，再次强调了文化对于一个国家、一个民族的重要性。2020年9月8日，习近平总书记在全国抗击新冠肺炎疫情表彰大会上讲道："文化自信是一个国家、一个民族发展中最基本、最深沉、最持久的力量。"第一次用三个"最"来强调文化的力量。同时还指出："向上向善的文化是一个国家、一个民族休戚与共、血脉相连的重要纽带。"将个人的文化修养与国家的文化发展战略紧密联系在了一起。2020年9月22日，习近平总书记在教育文化卫生体育领域专家代表座谈会上再次强调了文化在统筹推进"五位一体"总体布局、协调推进"四个全面"战略布局、推动高质量发展、满足人民日益增长的美好生活需要进程中的重要作用。

从十七大的"文化大发展大繁荣"，到十八大"建设社会主义文化强国"，再到十九大强调"文化自信"，推动中华优秀传统文化创造性转化、创新性发展，实现高质量发展，文化在国民经济与社会发展中的作用正日益受到重视，已经成为社会主义建设的重要组成部分和发展基础。正如习近平总书记强调的，统筹推进"五位一体"总体布局、协调推进"四个全面"战略布局，文化是重要内容；推动高质量发展，文化是重要支点；满足人民日益增长的美好生活需要，文化是重要因素；战胜前进道路上各种风险挑战，文化是重要力量源泉。越是接近实现中华民族伟大复兴的目标，就越要重视文化的价值，越要加强文化建设，为我们攻坚克难、砥砺前行提供坚强的思想保证、强大的精神力量、丰润的道德滋养。

二、对“文化”的再思考

回顾十七大以来的文化政策，就目前而言，中央关于“文化”的顶层设计高屋建瓴，切中我国当代建设和未来发展的肯綮。但略带遗憾的是，这个设计在实践层面不可避免地出现了一些扁平化、形式化的问题，缺乏有效的、具体的措施。究其原因，解读政策层面的文化，需要已经“文化”了的人，而这个问题的解决，又需要文化发展起来。貌似这是一个猫咬尾巴的问题，因果相循，难以解决。因此，需要我们寻找合适的角度破题楔入，慢慢收获。

关于“文化”的定义，历来有各种不同的解读。在实际运用中，人们所称的文化，通常分为两种：一种即大文化（暂且习用这种表述），是“作为人的行为方式和价值体系的总汇”；另一种则是小文化，指的是文艺创作等具体的文化事项。比如，国家提出民族文化振兴、树立文化自信，这里的“文化”无疑指的是大文化，是人的行为方式和价值体系的总和。而当我们说到“文化产业”“文化事业”的时候，这里的“文化”又指的是艺术创作、广播电视、新闻出版等，有时甚至更偏重于艺术文化，与政治文化、经济文化、社会文化、生态文化的表述并列，身处“五位一体”之一位，与艺文传统相关。

这样的差异，在工作中往往造成概念的混淆。由于对文化内涵意义的认识不足，对大文化、小文化的混淆，对文化概念的滥用屡见不鲜，导致错误地把“艺术文化”的“文化”当成了“文化自信”的“文化”，片面地理解了作为“五位一体”发展目标的“文化”，最终将中华民族伟大复兴重要基础的文化狭义化、形式化。如此，不难想见，在宏观文化政策的落实过程中，往往会出现严重脱节的现象：“民族文化复兴”变成了“民族文化产业复兴”，变成了“文化产品”“文艺作品”“旅游产品”开发；优秀传统文化保护、弘扬成了“工程项目”的保护和弘扬……高大上的顶层设计就这样由大变小，渐渐走形！另外，即便是在小文化艺术范畴中，也存在大量的文艺作品、文艺方式过分追求华丽的外在形式，而忽视内在本质，致使“形”“神”分离，缺乏感染力，难以化人，难以形成真实的文化力量。如此舍本逐末，如此形神不合，何谈十九大报告精神的落实，何谈十九大文化发展目标的实现，何谈中华民族的伟大复兴！

当前的现实是，作为文化推行者的文化工作者本身尚未厘清“文化”的概念、范畴，推行工作的效果可想而知。如何理解“民族文化复兴”所复兴的是什么文化，是如何复兴的第一步。只有当大多数民众理解了文化的内涵和外延，理解了作为人的行为方式和价值体系总和的文化是民族进步的根本力量，才能理解文化复兴，才能共同朝向、构建、实现中华民族的伟大复兴。理解之后，首要的则是面向时代，构建传承有序的、充满活力的、无限发展的崭新价值观，并以此指导、引领当代一切文明创造实践。文化的本质基于价值观的建立，文化的发展依赖价值观的引领，不认识文化，再多的努力、再卖力的“活动”，也只能浮于表面，没有真实效果——说白了，只不过是用宏大声势掩盖内在的贫乏。基于此，我们说：必须重新认识文化，尽管它无时无刻不在我们身边。

同时，我们对文化重要性的认识还有待加强。党的十八大制定了新时代经济、政治、文化、社会、生态文明五个方面全面推进、共同发展的总体布局。将文化建设与经济、政治、社会、生态文明建设统筹推进。但是，这“五位”之间是何关系，似乎并不明晰。由于“文化”概念的混乱，在实际工作中，文化建设往往只着力于文化和旅游之“艺术文化”，以及由此衍生出的相关文化产业，无形中矮化了文化属性，弱化了文化引领地位。将文化与经济建设、政治建设、社会建设、生态文明建设置于同一个层级，漠视其作为超然于“五位一体”的更高维度的实际，将十九大报告提出的“文化兴国运兴，文化强民族强”的命题作为纯然的口号喊一喊即束之高阁，根本不可能做到以文化反观自照、以文化引领本领域的实践；不把作为价值体系所指导的行为方式的集汇（反之也循环丰富着价值体系建构）的文化作为着力点和发展目标，自然不可能形成文化自信状态下的高质量发展。笔者认为，从具体的文化事项来讲，我们可以把“五位一体”作为现阶段文化和价值观的一种具体要求。“五位一体”可以理解为我国价值观的重大变化；发展不仅仅是经济或物质领域的发展，而且也是经济、政治、文化、社会、生态诸多领域的协调、统一、均衡发展。文化作为行为方式和价值体系的总集，统领着经济、政治、社会和生态文明建设，故而“五位一体”中的“文化”显然是小文化，所以我们要有一种跳出“文化”谈“文化”的视角，以真正发挥文化的作用。经济建设不仅要有数量，同时也要有质量，否则当文化建设跟不上经济发展的时候，就会出现拜金主义和道德滑坡的现象，会出现大量有钱无德的“暴发户”；政治文明的发展是中国自古以来文化长期积淀的结果，我们今天倡导“以人民为中心”，其实在古代中国就有了“以民为本”的民本思想，并在历史的长河中不断地被“再创造”，进而在当下体现出政治制度的优越性；社会文明、生态文明与文化建设的关系在我们从古至今对自己、对他人、对社会、对自然的关系中也随处得以体现，如历代个人道德的修养、家庭关系的和谐、社会秩序的建构、对自然资源的爱惜与尊重，等等。习近平总书记在十九大报告中强调：“要以培养担当民族复兴大任的时代新人为着眼点，强化教育引导、实践养成、制度保障，发挥社会主义核心价值观对国民教育、精神文明创建、精神文化产品创作生产传播的引领作用，把社会主义核心价值观融入社会发展各方面，转化为人们的情感认同和行为习惯。坚持全民行动、干部带头，从家庭做起，从娃娃抓起。深入挖掘中华优秀传统文化蕴含的思想观念、人文精神、道德规范，结合时代要求继承创新，让中华文化展现出永久魅力和时代风采。”

因此，我们的经济文明、政治文明、社会文明、生态文明都是有着深厚的文化积淀、凝聚的，我们要把握住文化最深层、最基本的内涵，让文化真正成为基础，释放文化的力量，去推动高质量发展，实现“经济发展取得新成效、改革开放迈出新步伐、社会文明程度得到新提高、生态文明建设实现新进步、民生福祉达到新水平、国家治理效能得到新提升”的“十四五”发展目标，乃至“基本实现社会主义现代化”的2035年远景目标。

三、释放文化力量，推动高质量发展

欲实现民族复兴，不仅要寻根铸魂，还要强化文化在社会发展中的作用。习近平正是站在大文化观的角度思考文化的地位与作用，清晰地把握住了一个真理——一个民族、一个国家要富强，要复兴，文化是根本，是灵魂。文化作为行为方式和价值体系的系统化整合，虽处于“五位一体”之中，却高于并统领“五位”，无论是经济建设、政治建设、社会建设，还是生态建设，都是在中华民族独特价值体系观照下进行的。我们今天谈到的“五位一体”建设乃至高质量发展，归根到底，都离不开文化这个最根本的“灵魂”。而文化建设，任重道远，需要时间来文而化之，用价值观去指导、改变民众的行为方式。今天我们宣扬的社会主义核心价值观，正是基于中国优秀传统文化、社会主义先进文化、革命文化形成的，我们应该选择适合于当代社会发展和民族复兴需要的内容，辩证融合，去强化社会主义国家、中华民族的核心价值体系。

另外，由于我们对于文化的认识，经历了一个不断发展完善的过程，所以我们更应该在这个过程之后去释放文化的力量，使其助推高质量发展。在过去的很长时间里，我们所说的文化是狭义的文化，大致上立足于文化部门所管辖的部分内容，比如艺术创作、公共文化事业、文化产业等。但是从十九大报告来看，“文化”的范畴远大于此，它包括了思想文化、精神文明建设、思想道德建设、社会主义核心价值观建设、理想信念、中华文化的立场方针等多个方面的内容。不仅如此，十九大报告还针对“坚定文化自信，推动社会文化繁荣兴盛”提出了具体的措施和要求，笔者结合其中部分措施和要求，抛砖引玉。

首先，牢牢掌握意识形态工作领导权。意识形态决定文化前进方向和发展道路。前文中也有提到，因为对“文化”的认识存在偏差，故在对顶层设计执行的过程中会出现“梗阻”或偏离。笔者认为可以成立促进全民文化教育的专门机构，一方面可以改变相关部门各管一摊、各自为政的现状，改善工作作风；另一方面，可以更好地把握意识形态工作领导权，为顶层设计的执行环节掌舵。同时，这样一所专门的机构也可以引导相关部门逐渐摆脱唯“西方思维”的工作理念和“伪西学”的负面影响，用中国的文化传统解决中国的问题。

其次，培育和践行社会主义核心价值观，加强思想道德建设。社会主义核心价值观是当代中国精神的集中体现，凝结着全体人民共同的价值追求。社会主义核心价值观的树立，与全民素质、道德、文化素养紧密相连。社会主义核心价值观不是空泛的口号，而是存在于生活点滴之中，与我们的生活息息相关。所以，要以社会主义核心价值观为抓手，大面积开展全民文化教育宣讲。一方面，充分调动新媒体等新技术手段；另一方面，面对不同受众时，采取有针对性的方法和方式在政府系统、文教系统、家庭社区进行宣传。有些宣传内容在农村地区，拉横幅、大喇叭广播比较管用，而对年轻受众，用漫画、趣味短视频等方式在抖音、微博等新媒体宣传则更为有效。让全民重识文化，以提升全民素质、公民道德水平，进而修复、弘扬传统美德，切实培育中国精神，为民族复兴打好全民基础。宣讲要宏观整体规划、试点先行、分区落实，尤其要对相关的工作人员进行基于十九大报告精神中“文化”内涵的培训或宣讲，让其重新认识文化的内涵，厘清概念上的误区，树立正确的“文化观”，为确立文化自信、推动民族复兴，打下统一认识的工作基础。

面对新形势的挑战，我们应该从光明面出发，充分调动全民的凝聚力。对内，积极反思、推动国家治理体系和治理能力现代化，促进全面高质量发展，稳健走好复兴之路的每一步；对外，在“百年未有之大变局”中，在“人类命运共同体”思想推进过程中，为世界提供发展力量、成功经验、解困方案的借鉴。无论是国内国际双循环新发展格局的构建、“一带一路”伟大倡议的实施，还是人类命运共同体的构建，都需要我们重新释放文化的力量，去增强创造力，推动人类社会向前发展，并且在沟通与交流的基础上，促进相互的尊重与认同。

目　录

1　成就文化遗产保护的基石
——读《石狮文化遗产图典》随感
7　从文化发展战略的高度认识南音文化保护的意义
14　勒铭承千年
——《泉州南音（弦管）集成》序
19　中华文化的继承创新与文化产业发展
——以南音新作《凤求凰》创演和南音文化推广计划为例
26　非物质文化遗产的传承和保护
——从南音新作《凤求凰》创演谈起
34　两岸南音文化传承传播中的“再创造”比较研究
73　“一带一路”视野下中华文化海外传承传播研究
——以南音在马来西亚的传承传播为例
100　非物质文化遗产是村落文化遗产保护的关键
109　非物质文化遗产视野下的汉字
116　两岸同名乡村民俗文化传承传播研究
——以东石及数宫灯为例
124　“一带一路”文化艺术交流的双视角研究

136 传统文化的当代审视——从陈旸《乐书》谈起
147 中华文化海外“泛家族”式传承传播初探
——以马来西亚适耕庄福建会馆南音复兴为例
159 “一带一路”倡议是“构建人类命运共同体”思想的伟大实践
167 试论“高峰”形成立基于重识和把握新时代文化内涵
181 “上海精神”与“丝路精神”共谱未来
183 论中国道路与国家治理体系建设的优越性
——以中国非物质文化遗产保护工作为例
190 姚黄魏紫皆可期
——泉州南音（弦管）传承传播新形态之高校南音教育观察
196 “一带一路”视野下中华文化传承传播研究
——以南音在香港的传承传播为例
209 翩翩福船，幽幽匠心
——水密隔舱福船制造技艺漫话

成就文化遗产保护的基石

——读《石狮文化遗产图典》随感*

2015年冬春之交，好友泽荣兄寄来《石狮文化遗产图典》一册，嘱为之写个书评，石狮之情及吴兄的盛情，实在难却，所以就欣然答应了在“文化遗产日”之前交稿。

“石狮”“文化遗产”之“图典”，书名由三个关键词构成，首先引起末学的兴趣；粗翻全书，前言乃福建省文物局原局长郑国珍兄所作，备感亲切；再看后记，乃完成于2014年的12月31日，更勾起末学“并不如烟”的往事回忆。或许这就是因缘，便从这12月31日说起。

2005年12月31日，文化部通过网络向全社会公示了“第一批国家级非物质文化遗产名录推荐项目名单”，包括10个门类，计501项，同时将评审资料全部移交中国艺术研究院，启动《第一批国家级非物质文化遗产名录图典》（以下简称《图典》）编纂工作，是日北京大雪，乃称“丰年兆”。

由于工作的关系，末学被委派负责这部《图典》编纂的具体协调等工

* 本文原载于《石狮日报》2015年8月15日。

作，有幸参与并了解了这项大工程的前前后后，品味了编纂过程中诸多酸甜苦辣，包括有些学者对“图典”之于“非物质文化遗产”的意义和可行性质疑的解释工作。2006年底，《图典》即将付梓，末学应差撰写后记，写完这篇后记的第一稿，恰是12月31日，北京下了那个冬天的第一场雪，真是“瑞雪兆丰年”！

国家以非物质文化遗产为对象作图文并茂之“典”，这是头一回。《图典》是我国第一本完整系统介绍第一批国家级非物质文化遗产名录的典籍，将成为宣传我国非物质文化遗产的重要工具书和全国各地各级名录图典编辑出版的范本。它的出版，必将有利于我国非物质文化遗产保护和理论研究体系的建构，并在我国非物质文化遗产保护工作中起到积极的推动作用。因此，对于这部《图典》，文化部和中国艺术研究院的领导提出的整体品质要求是：兼具学术性、示范性与文献性。

正如后记中所载，对于每个项目的文字简介，编撰的要求是：

> 在充分考虑我国非物质文化遗产项目的多样性和不同类别的特殊性的前提下，我们认为项目简介要把以下内容表述出来：项目名称（俗称、别称、归属、定位）、历史沿革、地理分布（相对明确的地理分布范围）、呈现形态（包括代表性传人）、价值评估（历史、文化、科学等）、濒危状况及导致濒危的直接原因和保护措施等。选配的图片，也应具有说明该项目的典型性。

用静态的图片展示以活态展现为重要特征的非物质文化遗产项目，有一定的局限性和难度。仅从技术角度而言，我们希望图片质量至少能达到以下要求：电子图片要高画质拍摄，像素在500万以上，以JPG或TIF格式存储为宜；重新冲印的相片，大小在6寸以上；扫描的图片，按300DPI以上的标准，大小在15MB—20MB；或者最好能提供正片（反转片）。这些要求也只能满足“图片清晰”的条件，图片内容才是关键。非物质文化遗产的主要载体是人，活态传承是其重要特征。总体而言，图片内容的基本要求是能较为准确地反映项目的活态文化内涵和原生形态，但因不同类别的项目风采各异，可能在展示的侧重面上会有不同。如为了较全面地反映项目的文化内涵，传统手工技艺等类别的项目，应尽可能选择反映整个工艺流程的系列照片；表演类项目，除舞台戏剧外，应尽可能选择原生形态的照片，要兼及剧目、演员和受众；民俗、节庆、祭典活动等项目，应注意选择反映主要仪式过程、活动情景的照片；民间美术、传统手工技艺等以作品形式展示的项目，应选择具有代表性流派、风格的作品；所有入选项目要尽可能直接展示传承人，同时选择该项目具有代表性的传承人等。总之，项目图片要能充分、生动地展现我国非物质文化遗产的丰富资源和真实面貌。

要求与最后的呈现，自然有一定的距离，但就基本情况而言，无数参与第一批国家级非物质文化遗产名录申报工作的单位和个人，包括全国31个省（市、自治区）文化厅（局）以及非物质文化遗产保护中心的所有同人，数十位专家大量的时间投入和智慧贡献，为之付出艰辛努力而成就的这部包含60余万文字和3000余幅图片的《图典》，作为“国之典”是当之无愧的！“国之典”之后，全国各地纷纷仿效，为非物质文化遗产保护工作留下了一大批珍贵资料，也使这项中华传统文化整理工程在历史上留下了一些不可磨灭的痕迹。

末学写这些，不是为了标榜非物质文化遗产保护工作开展以来的快速推进和丰硕成果，而是为了说明手边的这本《石狮文化遗产图典》的学理渊源和重要价值。有“国之典”，则有“市之典”，况且，几年以后，许多理念和技术都在更新，《石狮文化遗产图典》的品质和内涵自然也随之进步。技术的进步自不必在这里说，末学在此说说本书的第二个关键词“文化遗产”，这也是本书的重要特色。

中华民族五千年文明的发展历程给我们留下了极为丰富的文化遗产，其中既有物质形态的“有形”文化遗产，如文物、典籍等，又有主要通过口传心授的方式传承下来、以非物质形态存在的非物质文化遗产。联合国教科文组织是在《保护世界文化和自然遗产公约》（1972）的框架下，推动相关工作30余年后，发现还有一种“无形的、活态流变的、深藏于民间的”，“是一个民族古老的生命记忆和活态的文化基因”，“体现着一个民族的智慧和精神”[①]的文化遗产，那就是比该公约中提到的包含着“文物”“建筑群”“遗址”的文化遗产更为博大深厚的、对人类世界的发展更有意义且更需要保护的文化遗产类型——非物质文化遗产。于是，联合国教科文组织开始了世界范围内的抢救和保护工作——“人类为保护自己的精神家园开展的一项极其伟大的文化传承工程”。

正因为以“文物”“建筑群”“遗址”为保护对象的“文化遗产”保护工作在前，而“非物质文化遗产”保护在后，又因为有“物质”和“非物质”二元认知在先，或者说是“物质”和“精神”的二元结构认知基础，当然还因为中国特色和部门利益等特殊情况……所以在我国，“文化遗产”概念的实际所指，没有随着对人类文化遗产认识的深入和保护工作的转变而改变。“文化遗产”理应包括“物质文化遗产”和“非物质文化遗产”，这在国办发〔2005〕18号《国务院办公厅关于加强我国非物质文化遗产保护工作的意见》和国发〔2005〕42号《国务院关于加强文化遗产保护的通知》中都有明确的界定、论述，但现实运用中，“文化遗产”所指的仅是“文物”及其相关工作，如文化遗产研究院机构设置就不包括非物质文化遗产研究的部门。也就是说，实际上，这已经造成了我们在“文化遗产”概念运用上，名实不一的混乱，也就建构了错误认知的基础。这可以称得上二元不对应现象。

实际上，就文化遗产的保护而言，“物质”与“非物质”其实就是一个相互依存的完整体。“非物质文化遗产”，顾名思义，它是与“物质文化遗产”对应存在的“文化遗产”类型，“非物质”是其显著特征，与“物质”无关吗？非也，或者说不完全如此。《保护非物质文化遗产公约》载明：非物质文化遗产是被“视为其文化遗产组成部分的各种社会实践、观念表述、表现形式、知识、技能以及相关的工具、实物、手工艺品和文化

---

① 王文章主编：《非物质文化遗产概论》（修订版），教育科学出版社2013年版，第1页。

场所”，其间少不了物质或物质性的承载。因此，非物质文化遗产包括了承载技艺、产品、工具、实物、场所等“物质”，以及“物质性”的知识技能呈现、观念表达、实践活动等。《石狮文化遗产图典》实现了“文化遗产”的整体性整合，希望这种整合的实现能像“石狮经济模式”一样影响到中国的文化遗产保护格局和民族文化复兴。

《石狮文化遗产图典》的第三个特色就是体现“文化遗产”的“整体性保护”。所谓整体性原则，是刘魁立先生针对非物质文化遗产保护提出的观点，作为保护原则，后来在王文章先生主编的《非物质文化遗产概论》一书中得到进一步论述和提升。整体性原则意指保护文化遗产所拥有的全部内容和形式，包括传承人和生态环境，也就是说要从整体上对文化遗产加以关注并进行多方面的综合保护。本来，《图典》之后，还要针对国家级项目代表性传承人编撰图典，由于种种原因，此事最后没有落实。而《石狮文化遗产图典》列入了四级名录项目的同时，也简介了各个级别的项目代表性传承人，这是弥补遗憾之举，也是整体性保护原则的贯彻落实，值得一赞！

非物质文化遗产是各族人民世代相承、与人民生活密切相关的文化遗产。它不是静止不动的“文物”，也不是静态存在的“展示品”，它产生、发展、存续于民众的日常生活之中，并随着时代、社会的发展而不断发展，同时，非物质文化遗产需要依托物质文化遗产为载体存在。对文化遗产进行活态的、整体性的保护，不仅要保护非物质文化遗产，还要保护与之相关的物质文化遗产；不仅要保护文化遗产，还要保护其产生、依存的生态环境，包括自然环境与社会环境。一些欧洲国家虽然也对文化遗产的整体性保护进行了探索，如法国分别于 1962 年和 1973 年颁布了《历史街区保护法》和《城市规划法》，以确保历史街区人文景观的完整性；意大利于 20 世纪 60 年代末提出了“把人和房子一起保护”的理念，认为历史文化中心区的原住居民应该留下来，并要保护这些居民的原有生活状态，实现“同样的人住同样的地方”等，但可以看到，这些国家对文化遗产进行的整体性保护，主要还是偏向于历史文物古迹、自然景观等物质文化遗产的保护，并没有把非物质文化遗产单独提出来作为重点加以保护。中国对文化遗产进行的整体性保护，是以非物质文化遗产保护为核心的，同时还强调对整个文化生态的整体性保护。所以说，真正意义上的文化遗产整体性保护，应该包括非物质文化遗产与物质文化遗产、自然遗产的整体性保护，非物质文化遗产与历史文化、传统文化、民族文化、区域文化、村落文化、社区文化等的相互关系及其文化生态的整体性保护。

目前中国有大约3000个县级行政区，虽然文化不能用行政区划来区分，但文化工作却只能依行政区划而行。基层文化行政主管部门推动的文化遗产保护工作，诸如《石狮文化遗产图典》的编撰出版等，都是基层文化工作的内容。不论是包括文化遗产保护在内的传统文化继承，还是当代文化建设，它们的价值都不可小觑。如果各个县域的文化工作者都能恪尽职守地去完成这些工作，就是为我国当代文化建设和复兴民族文化奠定了基础。从这个意义上讲，基于正确的文化保护理念而编撰成的《石狮文化遗产图典》值得广泛推介。

其实，末学与石狮有甚深因缘，却对其了解甚少，所以关于“石狮”这个关键词就不便多说。以上所及，不当之处，还请批评指正。

从文化发展战略的高度认识南音文化保护的意义*

南音，作为独特的传统文化表现形式，是闽南文化的典型代表，也是中华传统文化的重要组成部分，更是世界文化多样性的生动体现。在全球化高速发展，社会文化大发展、大繁荣的今天，保护包含南音文化在内的传统文化，关系到民族的未来，理应从国家文化发展战略的高度予以关注和重视。

一、关于文化及南音文化

广义的文化，是指与自然文化相对的人类活动与创造，是人类行为方式的总和，包括物质文化、制度文化、精神文化等几个层面的内容。其中，物质文化是为满足人类生活和生存需要所创造的物质产品及其所表现的文化；制度文化反映了个人与他人、个体与群体之间的关系；精神文化是人类在社会实践和意识活动中育化出来的价值观念、思维方式、道德情操、审美趣味、宗教感情、民族性格等。

* 本文为“2016 南音国际学术研讨会”参会论文。

南音文化是精神文化之一部分。基于文化的概念，本文所说的“南音文化”可以界定为：南音文化持有者、习得者和享用者的生活方式和生命体验过程，包括所有南音持有者、习得者、享用者所共有的语言、传统、习惯和规制，有激励作用的思想、信仰和价值，以及它们在物质工具和制造物中的体现。也就是说，南音文化可能涵盖了南音历史衍生发展过程中积淀下来的诸多层积及其相关的文化空间与物件，包括所积淀形成的习俗仪轨、规约制度、价值认同、精神信仰，以及被当下持有者、习得者、享用者视为传统，并依凭着这些传统，在日常生活中展示出来的所有行为及相关规范。

二、关于南音文化的独特价值和保护意义

（一）国际层面的意义

1. 中国作为联合国教科文组织《保护非物质文化遗产公约》的缔约国，履行承诺是我们的义务和责任

联合国教科文组织在总结了自然遗产保护和物质文化遗产保护经验的基础上，在认识到非物质文化遗产保护对于人类具有巨大意义的前提下，由总干事松浦晃一郎于2000年倡导，在全世界范围内保护非物质文化遗产，以维护世界文化的多样性，推动人类社会的健康发展。于是，在《保护非物质文化遗产公约》（2003年通过）诞生和正式生效的过程中，联合国教科文组织实行了三批代表作的实验性评选，中国的昆曲、古琴艺术等四项非物质文化遗产被宣布为代表作名录项目。2004年8月，全国人大通过决议，批准中国加入联合国《保护非物质文化遗产公约》，中国成为较早加入该公约的国家之一。2006年4月《保护非物质文化遗产公约》生效，6月，中国以高票当选为18个国家组成的保护非物质文化遗产政府间委员会的成员。这对于加强中国非物质文化遗产保护、更好地履行该公约的权利和义务、促进国际间非物质文化遗产保护方面的交流合作来说具有重要意义。

2006年，联合国教科文组织重启代表作评审工作，次年，中国一举申报35个项目，有22个项目被公布为“代表作”，南音位列其中，它的传承保护从此进入了国际视野。不仅如此，泉州作为一个地级市，有南音、闽南民居营造技艺、妈祖信俗、剪纸、水密隔舱福船制作技艺、福建木偶戏等多个文化表现形式进入国际保护的视野，呈现出的是地区传统文化传承保护的良好生态。

2. 传承保护好南音文化就是为维护世界文化多样性做贡献

随着对非物质文化遗产保护的认识和具体工作实践的逐步深入，非物质文化遗产对于维护世界文化多样性所具有的重要意义得到国际社会的普遍认识。到目前（2019年6月）为止，联合国教科文组织设立了三项非物质文化遗产名录，其中中国入选《人类非物质文化遗产代表作名录》项目32项，入选《急需保护的非物质文化遗产名录》项目7项，入选《保护非物质文化遗产优秀实践名录》项目1项，共计40个项目入选联合国教科文组织非物质文化遗产保护相关名录，总数位列世界第一。可见我们在努力履行对国际社会的承诺，我们维护世界文化多样性的努力和成效在国际社会上也是名列前茅的。

中国的非物质文化遗产保护工作成为全世界的典范，而南音文化的传承保护则是典范中的典范。正因为如此，得到国际社会高度关注的南音文化的传承保护，更应该得到国内社会各界及各级政府的高度关注。不论是申报协同创新中心，还是设立“非物质文化遗产保护示范基地”，抑或其他，南音文化传承保护的意义都值得我们去重新认识。

值得注意的是，在2013年度“东亚文化之都”评选中，泉州脱颖而出，独占鳌头。“东亚文化之都”的入选，从另一个层面将以南音等文化表现形式为典型代表的闽南文化呈现给了国际社会，对于展现闽南文化、中华文化的独特性和多样性，推动各国文化的交流与传播，促进人类文化多样性的发展，具有积极作用。

3. 我们要从国家文化主权安全的高度来认识、重视南音文化的传承保护工作

如果一个国家中心地带的重要传统文化表现形式因为种种原因衰弱了，势必会对该地区传统文化的生命延续产生威胁，这种威胁会对一个民族、一个国家的文化安全产生影响。

泉州是南音文化的原生地。伴随着闽南人的脚步，南音流布于台港澳地区，远播东南亚及其他国家与地区，在许多地区都得到了很好的传承发展。比如在新加坡，南音的传承发展情况就很好。

我们也要注意到，虽然这些文化表现形式的习得者还是华人或华裔，他们也还年复一年地回到祖地寻根，来接受中华传统文化的春阳沐浴，但社会的快速发展仍然会影响他们的认同感和归属感，而且这种影响的程度必然会越来越深。与此同时，在快速发展的闽南地区，南音文化面临着巨大的冲击，南音在闽南人，尤其是闽南年轻一代生活中的地位和作用正在逐渐萎缩，这是不争的事实。

作为闽南传统文化的重要承载体，南音体现了闽南人特有的思维方式、传统价值观念和审美理想，是一代代闽南人用思想和情感凝结成的明珠。如果有一天，我们失去了南音，失去了以南音文化为代表的闽南传统文化，无疑意味着失去了代表民族文化记忆的珍贵财富，失去了凝结在其中的宝贵智慧和精神血脉。这种失去的最终结果，就是丧失对自己文化的普遍认同，而民族的文化传统和民族特性也将受到侵蚀。

因此，我们要从国家文化主权安全的高度来认识、重视南音文化的传承保护工作，责无旁贷地去承继千百年来历代祖先传给我们的珍宝，进而通过我们的智慧创新，将其传给我们的下一代、再下一代，传给中华民族和人类世界的未来。

综上所述，南音文化的传承保护具有特殊的国际意义。

（二）国家层面的意义

作为传统文化的重要组成部分，非物质文化遗产具有活态存续等特点，因此，其对当代社会建设和对社会未来发展的意义已经被广泛认同。

不论是党的十八大文件，还是国家发展的相关规划，非物质文化遗产保护都被定位在“国家文化发展战略”的高度。

2007 年，温家宝总理在参观中国非物质文化遗产相关展览时，对非物质文化遗产的价值曾经做过很精彩的总结，他认为：非物质文化遗产是民族文化的精华，是中华民族的精神象征，是历代民众的智慧结晶，是我们的精神家园，是根与魂。

要实现民族文化伟大复兴的宏伟目标，守住根与魂，守护好我们的精神家园，是至关重要的基本保证。而传承保护好包括南音文化在内的诸多传统文化表现形式，是中华文化繁荣、发展的根本保证和力量源泉。当今，我们的文化国策是：对内“大繁荣、大发展”；对外“走出去，充分展示软实力”。在这两个方面，南音文化都有不俗的表现。不论是跟随温家宝总理访问日本，还是在联合国教科文组织总部的精彩展示，抑或是在美国大都会等商业演出场所的华丽呈现，以及不胜枚举的民间交流，南音都充分彰显了千年古乐的底蕴及其当代展示的魅力。这些可见度、认同度的获得才是国家文化软实力的真实体现。

而这些软实力的展示，得益于闽南深厚的文化传统，以及闽南人对这些传统生命般的珍爱。也正因为如此，他们的作为才代表了国家的行为，并因之具有了国家层面的意义。

笔者可以从自身的工作经历中，列举几个事例进一步说明这一点。

（1）2005 年，南音被列入第一批“人类口头与非物质文化遗产丛书”（共八册），与传承 3000 多年的古琴艺术、演绎数千年的昆曲等比肩。

（2）在启动南音申报联合国教科文组织名录项目，以及后来的国家名录体系建设过程中，南音的申报材料具有范本意义——被编入保护手册、申报指南。

（3）由于南音的价值和良好的传承状态，泉州被确定为非物质文化遗产保护考察的示范点，国家文化行政主管部门第一次举办的关于非物质文化遗产保护工作的培训班就选择在泉州，考察的项目就是南音。

（4）南音作为一个民间乐种，进入普通师范院校，并且设立了本科和艺术硕士，在全国一次又一次成为先例，不论是在教育系统还是在文化系统都具有全国范例的意义。

（5）与南音相伴共生的其他传统文化表现形式，在带来中原文化的先辈的执着下，在历代闽南民众的不断再创造的过程中，延续至今，形成了良好的文化生态。因此，在中国非物质文化遗产保护工作启动文化特区——文化生态保护实验区建设时，人们毫不犹豫地选中了闽南。

此外，谈到中华文化、中华民族的传承和复兴，海峡两岸的和平统一是绕不开的话题，而南音文化在这一方面的特殊意义是不言而喻的。南音的传承和传播不仅是海内外数百万闽南人同唱一曲南音的问题，更关系到民族发展、国家统一的大业。南音在其间扮演的角色之重要性，可以从一例见全豹——南音会唱。

南音会唱是南音弦友间切磋技艺、交流心得的重要乐事活动，由南音拜馆、探馆、拼馆等传统乐事活动发展而来。1981 年，泉州举办了“泉州市首届元宵南音会唱”。此后，经过几十年的发展，南音大会唱已经成为闽南地区的新民俗。在“共一轮明月，唱百代乡音”的号召下，泉州南音大会唱成为维系海内外华人，尤其是两岸同胞的情感纽带，成为海内外弦友寄寓乡情、增进了解、切磋技艺的平台。

所以说，从国家的层面上讲，传承保护南音文化意义非凡。

（三）区域文化、社会发展层面的意义

闽南是高速发展的经济区，虽然它有深厚的文化传统，但面临的冲击和危险也是不言而喻的。笔者参加过几次南音大会唱，曾经写过一篇文章，大意谈到南音已经成为闽南人的生命体验和生活方式。

过去，闽南人对男性或者说成功人士有特殊的要求与期待，以拳头、烧酒、曲为标志。可以说，这里的曲就包含了南音，所以南音在闽南文化中的确有其独特的意义。甚至在闽南文化的其他文化表现形式中，是否会演唱南音，成为一种从业水平的判定基准，如木偶戏、梨园戏、高甲戏。由此可见，南音具有母曲般的地位，也就是说，对南音文化的保护与传承，建立在充分理解闽南文化的基础上，是一项“地基工程”。但时至今日，年轻人对于传统文化的认知与认同呈现颓势，这是各方面的原因共同造成的，南音文化也不例外。基于这样的现实，我们能做的、必须去做的事情有很多。什么是“文教”？笔者认为，文而化之，教化民众，即“文教”之深意。眼下，我们应合理利用传统文化资源，充分调动现代教育平台，努力扭转已经形成的局面，修复传统，延续南音文化的生命力。当然，南音文化保护传承的意义不仅仅在于南音文化、闽南文化、中华文化，我们更要将它们置于当代文化建设和未来社会发展中去审视。

三、结语

中华文化的表现形式有万万千千，南音只是其中具体的一个。如果在大家的共同努力下，得到更好的传承、发展，南音将成为一个新的，对于区域文化传承、区域社会发展、国家民族文化传承发展、人类文化多样性维护都具有示范意义的榜样。

勒铭承千年

——《泉州南音（弦管）集成》序*

中华文化历经五千年没有间断，一个十分重要的原因是，我们的祖先有守护并不断传扬民族文化的传统。这一传统为我们留下了极为丰富、宝贵的文化遗产。不论是孔子删诗还是清朝编纂《四库全书》，抑或是号称当代“文化长城”的十部《中国民族民间文艺集成志书》工程，都是基于文化自信的“今人”对“前人”留下来的文化遗产、传统文化的整理。

文化自信，是一个国家、一个民族、一个社区或个人对自身文化价值的充分肯定，对自身文化生命力的坚定信念。只有对自己的文化有自信，才能形成文化传承的自觉，担当起文化传承的责任并推动其健康发展。

近年来，我国全面开展非物质文化遗产保护工作，不断加强对各类非物质文化遗产的保护。根据联合国教科文组织《保护非物质文化遗产公约》，对非物质文化遗产的保护是“指确保非物质文化遗产生命力的各种措施，包括这种遗产各个方面的确认、立档、研究、保存、保护、宣传、弘扬、传承（特别是通过正规和非正规教育）和振兴”。泉州南音是第一批

---

* 本文原载于吕锤宽辑著《泉州南音（弦管）集成》（第一册），人民出版社 2017 年版。

国家级非物质文化遗产名录中的项目，也是联合国教科文组织颁布的《人类非物质文化遗产代表作名录》中的项目，加强对南音历史沿革、本体构成、传承发展等方面的研究，对南音曲谱等相关文献资料进行收集整理，也是南音保护工作的要求。

作为地方高校，泉州师范学院承担《泉州南音（弦管）集成》一书的编纂工作，不仅满足了高校教学、科研和传承文化的需要，也是对国家非物质文化遗产保护的贡献，更是泉州人践行传承传统文化的责任。

一

南音乃汉唐遗韵、千年古乐，与北京智化寺京音乐、西安鼓乐一起被称为中国三大古乐，有着深厚、丰富的历史文化积淀，是中国古代音乐体系的当代活态遗存，在中国音乐史上具有不可替代的地位。它以大量的曲目、古老的乐器形制和自成体系的记谱方法等，延续着汉唐以来中国音乐的血脉，是保存中国古音乐种类最丰富的重要乐种。作为音乐，它古朴优雅、清丽委婉，具有很高的审美价值和音乐学研究价值，在人类学、语言学、民俗学、中外文化交流史等方面也具有很高的研究价值。

过去，拳头、烧酒、曲是闽南成年男人或成功人士的标志。这里的曲，当然不完全是南音的代名词，但南音在闽南文化中的重要地位是显而易见的。在闽南文化的诸多文化表现形式中，如木偶戏、梨园戏、高甲戏，真正优秀的从业者都必须会唱南音。从这一方面而言，南音是他们的母曲，是闽南文化的典型代表。换句话说，传承保护好南音文化，具有提纲挈领的作用，也有母体孕生的意义。但是，作为高速发展的经济区，闽南虽然拥有深厚的文化传统，其所面临的冲击和危险也是不言而喻的。由于种种原因，包括南音文化在内的传统文化在民众尤其是年轻人之中的认同感在逐渐衰减，这是我们毋庸回避的现实，而也就是这样的现实，才越发凸显出人文教化、引导的意义。作为区域文化的共生体，我们应该做些什么？文教，文而化之，教化民众，我们应合理利用传统文化资源，充分调动现代教育平台，为修复传统服务，为延续南音文化的生命力而努力，更为充分发挥其在当代文化建设和未来社会发展中的作用而努力。

二

2011 年 5 月，泉州师范学院成立了泉州南音学院，这不仅是南音历史上的一个里程碑，也是南音高等教育的一次飞跃。2011 年，泉州师范学院以音乐学（南音方向）申报“服务国家特殊需求硕士专业学位人才培养项目”，并获得艺术硕士专业学位点。就目前而言，这样一个民间乐种在高等院校设置本科专业，直到招收南音专业硕士，在全国乃至全世界都是绝无仅有的。本科专业以及硕士专业的设立，南音高层次人才的培养，对编辑整理一套完整的南音文献尤其是南音曲目集成的需要，越来越迫切。

泉州师范学院作为高校，除了为社会培养各类人才之外，还有传承与创新文化的责任与职能。2013 年，经福建省教育厅批准，以泉州师范学院为牵头单位组建的南音文化传承与发展协同创新中心获得认定。正如胡锦涛在清华大学百年校庆时所说的：高等教育是优秀文化传承的重要载体，也是思想文化创新的重要源泉，应该积极发挥文化育人作用，加强社会主义核心价值体系建设，在掌握前人积累的文化成果的基础上创立新知，并传播到社会、延续至后代，推动社会主义先进文化建设。泉州师范学院出于闽南人传承南音文化、传承中华传统文化表现形式的责任担当来完成南音集成的编纂出版工作，其目的是通过文献的整理促进教学与科研，使南音文化在高校得到有效的传承。

20 世纪下半叶起，两岸先后兴起传统文化保护与复兴的热潮，对于南音文化传承的探索逐渐展开并引起广泛关注。几十年来，许多专家学者从各自角度对南音进行了研究，但在南音曲谱的整理方面，一直未见全面系统、可成典范的成果，如今《泉州南音（弦管）集成》经海峡两岸学者携手努力终于付梓，可喜可贺！

三

作为两岸合作共同完成的成果，《泉州南音（弦管）集成》的编纂有其现实意义。明清时期，南音就传到台湾，并且在台湾得到很好的传承和发展。泉州师范学院选择与吕锤宽教授合作来完成《泉州南音（弦管）集成》，一方面是基于其研究的基础，另一方面是因为南音是两岸共同的乐种，两岸合作有着从古到今的历史传统。

南音不仅在闽南一带流播，还随着闽南人的脚步流播到台港澳及东南亚地区。对于南音弦友来说，南音已经融入自己的生命历程之中，成为其生活不可缺少的一部分。南音随着闽南人的步伐流播海外时，就成为海外游子思乡的慰藉，成为自身认同的依托。文化传播随时间延续，许多文化表现形式逐渐隐没在历史的洪流之中，泉州南音却并未因时间的流逝而淡去。如今，南音已经化作连接海峡两岸同胞和海外侨亲的一条重要文化纽带，对海内外闽南人的文化认同起到重要作用。在提倡“一带一路”建设的今天，我国除了加强与“一带一路”沿线国家的经贸交流之外，还要不断深入进行人文交流。泉州南音在联系海内外侨胞、增进与东南亚等地区文化交流方面所发挥的作用，也有了新的时代意义。

一直以来，南音多以馆阁形式活动，靠口传方式传承。手抄曲谱是其传承的重要依凭，民间流传的曲谱数量众多，不同馆阁师承间也往往抄谱有异，因此，对于南音尤其是南音曲谱，一直未有宏观把握的文献。吕锤宽教授一直致力于中国传统音乐研究，从事南音研究数十年，自20世纪七八十年代开始，便参与闽台两地南音的调查研究工作，不仅拜师学艺，亲自学习南音弹唱，还在闽台两地开展广泛的田野调查，在探访南音馆阁、寻访民间艺人的过程中，收集到数量众多的南音手抄曲谱。这些调查与研究，无疑为《泉州南音（弦管）集成》的编纂打下了良好基础。

泉州师范学院延请吕锤宽教授领衔组成学术团队，进行了广泛、深入的田野调查，完成《泉州南音（弦管）集成》。《泉州南音（弦管）集成》以30册的篇幅汇集流布于闽南、台湾、香港、澳门等地区以及东南亚诸国的南音曲词、曲谱的不同抄本，是对大陆、港澳台以及东南亚地区南音传承存续面貌的一次全面体现，对南音文化的整理、传承和弘扬具有重要意义，并有极大的学术价值和历史文化价值。

南音集成的编纂工作责任重、意义大，本应集合南音学术研究领域众多专家的力量来完成这项工作，但泉州师范学院毕竟不属于文化行政部门，力量有限，故而选择此种方式来进行，在某种程度上，也是为了抛砖引玉，为将来南音文献的汇集整理工作起一个开启的作用。当然，《泉州南音（弦管）集成》是一项浩大的工程，众人虽竭尽心力，但不周全之处，在所难免。编纂这部集成，是我们对南音所做的奉献，这样做并非为了证明我们能做什么，而是为了证明我们尽力在履行我们的职责与承诺。

中华文化的继承创新与文化产业发展

——以南音新作《凤求凰》创演和南音文化推广计划为例*

一、时代话题：中华文化的创造性转化与创新性发展

众所周知，文化对社会发展的作用正愈发受到重视。在之前的一段历史时期，人们的目光投向的是经济的飞速发展，除此之外别无他物。在物质生活水平极大提高的同时，随之而来的是生态的破坏、价值观的混乱、文化认同的失落……茫然四顾，我们惊讶地发现，自己建起了鳞次栉比的高楼大厦，却把心灵的家园丢失了。

对于成长在全球化时代的人们来说，传统的东西常常是陌生的，我们或许可以说出圣诞节的来历，却对中秋节的起源知之甚少；我们大都知道莎士比亚的名言，却说不出《牡丹亭》的作者是谁；我们的年轻一代对西方流行音乐如数家珍，却很少有人能静下心来听一首古琴曲……在社会飞

---

* 本文与泉州师范学院教授王珊、宁德师范学院讲师黄欣合著，原载于李树峰、汪文顶主编《两岸文化发展与创新：第四届两岸文化发展论坛文集》，文化艺术出版社 2017 年版。

速转型、外来文化强劲冲击的时代背景下，我们的传统文化正因为失去应有的依托而逐渐衰亡、消失。

所幸，觉悟得并不算晚。从 20 世纪 80 年代开始，一场轰轰烈烈的民族民间文化保护工作拉开了序幕。这场传统文化保护的浪潮一直持续到今天，突出的表现就是对民族民间文化、非物质文化遗产、传统村落等的挖掘、整理、保护。这几十年的文化保护工作，在某种程度上是对传统文化的新一次整理运动。在各方力量的共同努力下，这种整理运动取得了很大的成效，但是在保护传统文化的过程中，我们也常常会遇到这样的问题——我们对传统文化的保护仅仅是整理和保存吗？如果不是的话，传统又该如何适应当代社会，为社会的发展服务？

实际上，“传统”与“现代”并非对立的两个概念。我们的传统文化，是几千年民族智慧的结晶，是一笔宝贵的精神财富，能为文化和社会的发展提供充足的资源与动力。可以说，在传统中，蕴含着未来发展的无限可能性。保护传统文化，绝不是僵硬地固守传统，而是要在适应当代社会发展的前提下，去重新寻求传承保护传统文化的思路和手段，只有如此，才能实现中华文化的创造性转化与创新性发展。如何在继承传统的基础上，让传统回归，融入现代生活，获得新的生命力，是问题的关键。对于这个问题，南音新作《凤求凰》的创作与推广，或许能提供一些可供参考和总结的经验。

二、个案实践：南音新作《凤求凰》的创演与南音文化推介

（一）南音与南音新作《凤求凰》

2015 年 10 月，南音新作《凤求凰》在泉州梨园剧场首演。这部由福建省“2011 计划”南音文化传承与发展协同创新中心策划，泉州师范学院组织实施，泉州师范学院泉州南音学院、泉州市南音传承中心联合演出的南音艺术作品一经问世，就在平静的南音界激起了巨大的波澜。

之所以称为“新作”，是因为它与以往的所有南音演奏或表演都不同。

南音古称弦管，是中国优秀传统文化最具代表性的样式之一，也是中国古代音乐体系的当代活态遗存。两汉、晋、唐、两宋等朝代的中原移民把音乐文化带入以泉州为中心的闽南地区，并与当地民间音乐融合，形成了这种具有中原古乐遗韵的文化表现形式。它由“指”“谱”“曲”三部分组成，并依乐器组合不同有上、下四管等分别；其主要乐器有南琶、洞箫、二弦、三弦及拍板等，曲词采用泉州古方言演唱。

过去，南音不是表演给别人看的，而是唱给自己听的。作为一种陶冶情操、自娱自乐的文化表现形式，传统的南音唱奏通常是在馆阁中进行的。如今，泉州城鳞次栉比的街巷之中，星罗棋布地分布着两三百家南音馆阁。人们自发地聚集在那里，咿咿呀呀地弹唱着古老的旋律，那悠扬和缓的曲调，那轻轻拍打的檀板，带着典雅从容的气度，让人的心灵趋向宁静，传统之河缓缓而流……

然而，身处飞速发展的经济区，这种自娱自乐、轻吟缓唱的南音，却似乎“跟不上时代发展的步伐”了。近年来，传统文化的继承与弘扬在社会高速发展的进程中经受着不同程度的冲击，生产生活方式的改变，使大多数人尤其是年轻人对传统的诗书礼乐失去兴趣，闽南文化、南音文化也难逃此劫。老一辈南音弦友对传统的固守，已经无法阻止年轻人对南音的逐渐远离。

面对这样的现实，才越发凸显出南音再创造的紧迫性与重要性。正是出于对南音传承发展的责任，南音新作《凤求凰》的编创团队共同造就了这部作品。正如导演安凤英所说的，新作的最终目的是要让年轻人也喜欢这部作品，喜欢南音。

（二）《凤求凰》的“承”与“变”

在吸引年轻观众上，南音新作《凤求凰》是成功的，每次演出之后久久不散的掌声就说明了这一点。新作的成功之处，归根到底，是在保留南音审美特征与艺术特色的基础上，迎合了现代观众的审美趣味，实现了“承”与“变”的统一。

“承”，即对传统南音的继承。南音新作《凤求凰》在这一点上的把握是较为恰当的。南音新作主创人员都是熟悉南音与闽南文化的局内人：其剧作者是对闽南文化极为熟悉的厦门台湾艺术研究院院长曾学文先生；其曲作者是国家级南音代表性传承人、著名洞箫演奏家吴世安先生；出演女主角卓文君的是中国曲艺牡丹奖新人奖获得者、泉州市南音传承中心优秀演员庄丽芬；饰演司马相如的是泉州师范学院南音学院培养的青年教师陈恩慧……在这些带着浓重“南音口音”的局内人的精雕细琢之下，《凤求凰》的音乐、唱腔都给人“无处不南音”的感觉。如在新作的作曲方面，曲作者吴世安先生的创作目标就很明确：“一定是南音的，一定要用南音中最美的素材。”结合作品的故事情节、人物塑造的需要，吴世安先生有针对性地选择南音曲牌、旋律中的特定元素，进行了重新创作和组合。主创团队对新作南音“本质”的坚持，奠定了作品在音乐上纯正的“南音味儿”。正是因此，2015 年 11 月南音新作《凤求凰》在第十一届中国泉州国际南音大会唱开幕式上登场后，面对编创人员“这像不像南音”的疑问，来自五湖四海的南音弦友给出了“什么像不像，这就是南音”的评价。

然而，仅仅停留在对传统的继承上，是无法留住审美趣味不断提高的现代观众，尤其是年轻观众的。因此，新作在“承”的基础上，努力求“变”——再创造，希望给千年历史的南音注入新的活力。在作品的编排上，南音新作《凤求凰》改变了传统南音正襟危坐的演奏形式，为南音演奏增加了故事情节，通过和鸣、私奔、诀别三个情节，串联起类型丰富的南音演唱和演奏，全方位地呈现了南音的各种音乐样式。在舞台表演方面，新作加入了舞蹈表演，以男女舞者象征司马相如和卓文君的内心世界，增强了舞台表现力。新作的舞台设置尤为特别：

> 他们规避了要讲故事的戏曲传统，设置了一左一右两个相对独立的空间，一男一女两只凤凰可以自由穿越两边，男女主角只有在表达倾慕、思念、质疑等情绪的时候，才会进入对方的空间，咫尺天涯，中国传统戏曲的象征手法在这里也被得体地运用了；再加上国际标准的舞台灯光与抽象的布景——此耶彼耶？古耶今耶？又营造出特别梦

幻、特别现代的时尚感觉。[①]

动人的情节、优美的旋律、趣味性的演奏展示、华丽的舞台与精美的服装……种种因素汇聚起来，营造了一个特殊的气场，使南音新作给人以“耳目一新、眼前一亮”的新鲜感觉，即便是对南音一窍不通的局外人看来，也足够精彩。

作为活态的非物质文化遗产，在当代文化大发展大繁荣的背景下，在当下“一带一路”建设的机遇中，南音将发挥不可替代的作用并获得更为宽广的发展天地。同时可以预期的是，南音新作《凤求凰》的排演，将促进高校南音表演人才的培养和南音文化的传承，在实现南音文化高校教学、实践、传承、科研四位一体、协同发展的基础上，向世界推介南音文化，并探索出一条推介传承保护南音的新路径。

三、文化遗产资源的合理利用与文化产业发展

今天我们保护文化遗产，实际上是要对传统文化进行重新阐释，以使之适应时代、社会发展的需求。正如前文所说，要在继承传统的基础上，让传统回归、融入现代生活，获得新的生命力。

一方面，合理利用文化遗产资源而发展文化产业本身就是文化遗产保护的方式之一。联合国教科文组织《保护非物质文化遗产公约》规定，非物质文化遗产的“‘保护’指确保非物质文化遗产生命力的各种措施，包括这种遗产各个方面的确认、立档、研究、保存、保护、宣传、弘扬、传承（特别是通过正规和非正规教育）和振兴”。根据《国务院办公厅关于加强我国非物质文化遗产保护工作的意见》，非物质文化遗产保护工作的指导方针是“保护为主、抢救第一、合理利用、传承发展”。可见，除了对包括非物质文化遗产在内的传统文化的继承之外，对其进行“不断的再

① 阿弥：《南音新作〈凤求凰〉观演侧记》，《文化月刊》2016年第3期。

创造”，合理利用文化遗产资源，促进传统文化的传承、传播、弘扬和振兴，也是保护传统文化的重要途径。

相较于其他类型的文化遗产，活态性是非物质文化遗产的显著特征。非物质文化遗产以人为载体，依靠人来传承。如果非物质文化遗产从民众的生产生活中消失了，那么也就意味着它的“死亡”，因为不是活态存续着的文化表现形式与博物馆中的文物没有实质的区别。文化遗产资源的合理利用与文化产业的发展，正是非物质文化遗产与民众生产生活接轨的有效途径。

作为活态文化，许多传统文化表现形式具备转化为文化资源的潜质，可直接转化的有传统技艺、传统美术等类别的项目，可间接转化的有传统音乐、传统戏曲等类别的项目，不仅具有艺术欣赏价值，更是具有经济开发价值，还有不可忽视的社会效益。因此，可以通过文化产业，将包括非物质文化遗产在内的传统文化转化为文化资源，不仅能使其成为文化生产力，为其持有者或所在地带来经济效益，而且也能促进传统文化的宣传与传播，提升全社会对传统文化的认知度与保护意识。以南音为例，对南音这个传统文化表现形式而言，南音新作《凤求凰》是对其“再创造”的一次探索，也是对南音文化资源合理利用与推广的一次尝试，能为未来南音文化产业的发展提供可供参考的经验。

另一方面，文化遗产中蕴含着丰富的文化资源，文化产业发展可以从中获取丰富的资源和充足的动力。中华传统文化博大精深，蕴含了丰富的文化资源。考察当前国际文化产业发展的现状可以发现：许多国家的文化产业，特别是影视、动漫等产业，都从本国的传统文化中寻找题材，发掘元素，汲取创意。一些国家的文化产业甚至会从其他国家的传统文化中获取资源和灵感。如近些年来美国迪士尼公司制作的以中国民间传说为题材的电影《花木兰》、日本制作的中国历史模拟游戏系列《三国志》等，都在国际市场取得了巨大的商业成功。近年来，国内的影视、动漫产业也逐渐意识到中华传统文化的资源优势和发展潜力，一系列传统文化题材的动漫作品在国内外产生了影响。如 2016 年 7 月上映的国产动画电影《大鱼海棠》，其创意灵感就来自《庄子·逍遥游》，凭借丰富的中国元素，该片未上映就引起广泛关注，上映15天票房即突破了5亿人民币。可见，中国传统文化并非没有市场，少的只是创造性转化和创新性发展的努力与尝试。

“凤凰觅知音”，在促进文化大发展大繁荣的今天，中华传统文化这只凤凰，也在寻觅着知音，寻觅着翱翔于九天之上的契机……

非物质文化遗产的传承和保护

——从南音新作《凤求凰》创演谈起*

2015 年 10 月，由泉州师范学院、福建省“2011 计划”南音文化传承与发展协同创新中心策划创意、组织实施，泉州师范学院泉州南音学院和泉州市南音传承中心联合演出的南音新作《凤求凰》在泉州梨园剧场首演。

新作坚守南音的传统文化品质和传统美学精神，在表演形式上则大胆创新，故此，掌声和鲜花很多，而质疑的声音也不少。笔者认为，这一新作，是基于非物质文化遗产“被不断再创造”的本质特性所进行的传承保护探索性实践，应予以积极肯定。

一、时代话题：非物质文化遗产的传承和保护

在飞速转型的当代社会，传统生产生活方式受到猛烈冲击，大量传统民族民间文化被外来文化和急功近利的消费文化行为裹挟，日渐式微，甚

* 本文与宁德师范学院讲师黄欣合著，原载于《曲艺》2017 年第 4 期。

至完全失去依托而走向衰亡、消失。

从 20 世纪 80 年代起，中国政府就启动了“民族民间文化保护工程”。2004 年，中国加入联合国教科文组织《保护非物质文化遗产公约》，我国的非物质文化遗产保护工作从此正式成为政府行为，对于传统民族民间文化的保护工作也从此全面展开。

（一）非物质文化遗产的传承与保护内涵

根据联合国教科文组织《保护非物质文化遗产公约》规定，对非物质文化遗产的保护“指确保非物质文化遗产生命力的各种措施，包括这种遗产各个方面的确认、立档、研究、保存、保护、宣传、弘扬、传承（特别是通过正规和非正规教育）和振兴”。2011 年颁布的《中华人民共和国非物质文化遗产法》（以下简称《非遗法》）第三条也规定：“国家对非物质文化遗产采取认定、记录、建档等措施予以保存，对体现中华民族优秀传统文化，具有历史、文学、艺术、科学价值的非物质文化遗产采取传承、传播等措施予以保护。”《非遗法》同时指出，国家鼓励和支持非物质文化遗产代表性项目的传承、传播，通过认定非物质文化遗产代表性项目的代表性传承人、支持其开展传承活动等方式促进非物质文化遗产的传承，并且从政府、学校、新闻媒体、公共文化机构等方面促进非物质文化遗产的传承、传播。

非物质文化遗产的保护，是一个广义的范畴，对非物质文化遗产进行传承、传播、宣传和弘扬等，都是保护工作的内容。其中，传承是保护非物质文化遗产的前提与基础，一项传统文化表现形式只有被自信地“视为自己的文化遗产”，才能在其既有的文化生态中按其自身的规律良好地传承下来，才能为社会公众所了解和认知，进而产生一定的社会影响。同时，广泛地宣传、弘扬，又能促进非物质文化遗产在更大范围内的传播，提高全社会对非物质文化遗产的认同与尊重，为非物质文化遗产的传承与保护创造更好的条件和氛围。对于当代社会而言，广泛的传播是促进非物质文化遗产传承保护的重要途径。

（二）关于非物质文化遗产的“再创造”

非物质文化遗产是各族民众世代相传的活态遗产，是中华传统文化的重要组成部分，是中华民族创造力和生命力的生动体现。提到非物质文化遗产的传承与保护，离不开“再创造”这个关键词。

《保护非物质文化遗产公约》对非物质文化遗产有如下界定：

> “非物质文化遗产”，指被各社区、群体，有时是个人，视为其文化遗产组成部分的各种社会实践、观念表述、表现形式、知识、技能以及相关的工具、实物、手工艺品和文化场所。这种非物质文化遗产世代相传，在各社区和群体适应周围环境以及与自然和历史的互动中，被不断地再创造，为这些社区和群体提供认同感和持续感，从而增强对文化多样性和人类创造力的尊重。

非物质文化遗产存续于民众的日常生产生活当中，渗透在衣食住行的方方面面，贯穿于每一个人的生命历程之中。与物质文化遗产不同，非物质文化遗产是活态的遗产，需要人的语言和行为来展现，更需要人的活动来传承，活态流变性是非物质文化遗产的重要特征之一。也正因此，非物质文化遗产在民众世代相传的过程中，为适应社会的发展而“被不断地再创造”。正是这种“再创造”，赋予非物质文化遗产源源不断的生命力，使其能够满足民众不断发展的生产生活需求，在世代相传中闪烁着人类文化的创造力和活态的灵光。

诚如著名历史学家余英时所言：“传统是在不断阐释中存在的，经过阐释的传统才是有生命力的传统。”对于中华传统文化的重要组成部分且至今仍然影响着社会发展的非物质文化遗产，需要我们在正确认识和准确把握的基础上去阐释、“再创造”。保护非物质文化遗产，不仅要对其进行保存和整理，更要在适应当代社会发展的前提下，去重新探索、阐释、再创造，寻求传承保护非物质文化遗产的思路和路径，只有如此，才能实现中华文化的创造性转化与创新性发展。因此，要“传承发展、合理利用”，一方面，正确、有效地发掘非物质文化遗产的文化资源，使其成为文化生产力，让传统真正“活”起来；另一方面，还要在继承传统的基础上，根据社会发展的需要对非物质文化遗产进行“再创造”，促进中华文化的不断发展。

二、个案实践：南音新作《凤求凰》的创演与南音文化推介

（一）千年古乐面临的现实忧虑

南音古称弦管，是中国古代音乐体系的当代活态遗存。两汉、晋、唐、两宋的中原移民不断把音乐文化带入以泉州为中心的闽南地区，并在历代延续中与当地民间音乐、外来音乐融合，形成了具有中原古乐遗韵的文化表现形式。经过时间的冲击、历史的洗礼，古老的宫廷燕乐最终流入寻常百姓家，成为存续于百姓日常生活中的音乐形式，成为具有民间性和自娱性的南音，支撑着广大南音弦友的日常文化生活。

传统南音由“指”“谱”“曲”三部分组成，并依乐器组合不同有上、下四管等分别；其主要乐器有南琶、洞箫、二弦、三弦及拍板等，曲词采用泉州古方言演唱；其传承展示的重要场所是馆阁。经过千百年的发展，南音已经融入闽南民众的生活，成为闽南人生活方式的重要组成部分，无论是婚丧嫁娶还是宗教活动，随处可见南音的身影。

近年来，随着经济的高速发展，闽南传统文化也面临着巨大的冲击，包括南音文化在内的传统文化在民众尤其是年轻人中的认同感在逐渐衰减。这样的现实，越发凸显出南音文化复兴的紧迫性与重要性——如果年轻人不再走近、走进南音，这穿越千年的华雅乐章也会弦断音绝。正是出于对南音传承保护的现实忧虑和文化担当，才有了对这一人类非物质文化遗产代表作履约的作为，促成了南音新作《凤求凰》的诞生。

（二）《凤求凰》的“承”与“变”

纵观南音发展史，“承”与“变”都是其传统。“传承弦管音乐传统，传播南音文化精神”是南音新作创意、编创、展演团队的基本共识，因

此，“承”是关键，“变（创新）”是动力。“承”是南音《凤求凰》编创的出发点，也是归宿点；但要创新就不能是“原态”的南音，故求变而成“新作”。鉴于创作主体的特殊性，我们设定的目标受众是年轻人：通过高校巡回展演传播南音文化。正因为有明确的目标定位和实现社会传播的切入点，所以，在内容选择和展示方式上有明确的追求——情爱的故事、灵性的省思、唯美的意境、时尚的演绎……正如《凤求凰》导演安凤英多次强调的：“新作的最终目的是要让年轻人借由喜欢这部作品进而喜欢南音。”要实现这样的期待，无疑需要大胆而谨慎的创新。一方面，突破“传统的形态”需要勇气；另一方面，在创新中怎样把握“度”，于承担自身文化责任的前提下实现艺术层面和文化层面的双赢，则是更为复杂的问题。

南音新作《凤求凰》在巨大的挑战面前，取得了令人欣喜的成功。在创作队伍、演出团队的不断探索与磨合之下，《凤求凰》在南音的“承”与“变”之间，找到了宝贵的平衡，在把握南音文化品质、美学精神的前提下，实现了对当代民众审美需求的满足。

1.“承”——《凤求凰》对传统南音的继承

既然称为南音新作，南音音乐无疑是《凤求凰》编创的前提和基础。无论新作的表现形式怎样创新，南音首先还要是南音。“无处不南音”是该作主创人员的共识。

为了最大限度地保留新作的南音口音和灵魂，该作主创人员全部从熟悉南音与闽南文化的局内人中选出：剧作者是对闽南文化极为熟悉的厦门台湾艺术研究院院长曾学文先生，《凤求凰》新作唱词遵循了传统南音的美学追求，既保留了闽南古方言文学色彩，又保留了传统南音唱词泉腔方言本色中的白描特点；曲作者是国家级南音代表性传承人、著名洞箫演奏家吴世安先生，他的创作目标同样很明确，“一定是南音的，一定要用南音中最美的素材”；出演女主角卓文君的，是中国曲艺牡丹奖新人奖获得者、泉州市南音传承中心优秀演员庄丽芬，其在传统南音演唱方面无疑是极为出色的；女扮男装的陈恩慧，是泉州南音学院的青年教师，她突破种种局限，成功地完成了司马相如的角色塑造。

在表演形式上，新作力求对南音的音乐样式进行全面的展示。传统南音有上、下四管之分，上四管指洞箫、琵琶、二弦、三弦，演唱者手执拍板，执节而歌；下四管则是在上四管的基础上加上四宝、小叫、木鱼、响盏等打击乐器，在传统馆阁的南音演唱中，多用于拜馆等场面。

为了全面展示南音的音乐魅力，南音新作《凤求凰》不仅展示了上四管的演奏形式，还在表演中大量运用了下四管的乐器。庄丽芬扮演的卓文君与泉州师院南音学院的学生们扮演的侍女、公子哥们手执四宝、响盏，以灵巧的手指变化演奏出一串串渐弱或者渐强的韵律，精湛的技艺令人耳目一新，拍案叫绝。下四管乐器化入“当垆卖酒”，传递凤与凰的寥落和无奈；清脆的竹声（四宝）不仅反映了卓文君内心情感的跌宕起伏和人生抉择的坚定明晰，而且也紧紧抓住了观众的眼睛和耳朵，成为新作最能“揪心”的一个点；虽不在今天的南音乐队组合之中，却活跃于闽南传统文化表现形式中的压脚鼓的善巧运用，也为舞台气氛的营造、剧情的推动增彩不少……

正是在这些带着浓重南音口音的局内人的精雕细琢之下，《凤求凰》的音乐、唱腔都给人“无处不南音”的感觉，最大限度地继承了传统南音的音乐韵味和文化特质。

2.“变”——《凤求凰》对传统南音的创新

既然称为南音新作，必然要与传统南音有所区别，《凤求凰》的“新”，突出体现在作品的舞台呈现方式上。将传统与现代紧密地结合在一起，创造当代的南音表演艺术作品，是新作主创人员的追求。与传统南音民间性、自娱性的呈现方式不同，《凤求凰》将馆阁里自娱的南音搬上了剧场的舞台，将其由单纯的听觉艺术转化成了视听结合的舞台综合艺术。

传统南音的表现形式固然古朴高雅，在不了解南音的现代圈外受众听来却未免枯燥沉闷。因此，在作品的编排上，新作改变了传统南音正襟危坐的演奏形式，为单纯的南音演唱增添了故事情节。《凤求凰》的故事情节取材于西汉卓文君与司马相如的爱情故事，通过“和鸣”“私奔”“诀别”三个段落串联起形式多样的南音演唱和演奏，在尽可能保留南音雅乐特质的前提下，丰富其舞台呈现的形式和内容。

既然加入了故事情节，如何用以抒情为主、节奏舒缓的南音来讲故事，又成了新的问题。为了增强作品的舞台表现力，创作者在舞台上加入了一男一女两个舞者，作为凤与凰的内心活动的外化形象；同时在舞台空间的设置上另辟蹊径，他们将舞台设计成一个三面画壁的殿堂式空间，既脱胎于南音传统演奏空间——厅堂，使人进入剧场，就仿佛置身于闽南古厝之中，又在浮雕式的凤凰壁画与绚丽灯光中建构出一个令人无限遐想的虚幻世界，将观众带入另一个时空，在南音的悠扬旋律中体味千年前的凄美爱情。

对传统南音呈现方式的大胆突破，赋予南音新作《凤求凰》前所未有的创造性与生命力，优美的音乐、新颖的表演、耐人寻味的故事加上绚丽的舞美灯光，即便在对南音毫无了解的局外人看来，也足够精彩。有了对“承”与“变”的巧妙把握，也难怪无论懂不懂南音的观众，在看完新作后，都发出了“南音原来这么好呀”的感叹。

三、南音新作《凤求凰》与非物质文化遗产的传承与保护

从南音新作《凤求凰》推出后、截至目前的成绩来看，该作无疑是一个成功的创新作品和文化遗产再创造的成功案例：2015 年 10 月，南音新作《凤求凰》在泉州梨园剧场首演，获得闽南文化圈内社会各界的广泛好评；2015 年 11 月，作为中华人民共和国文化部和福建省人民政府联合主办的“第十四届亚洲艺术节暨第十一届中国泉州国际南音大会唱”开场节目，获得海内外弦友的认同；2015 年 12 月，在第六届福建艺术节荣获第三届音乐舞蹈杂技曲艺类优秀剧（节）目展演一等奖第一名（5 个剧目荣获一等奖），被评委们誉为“开创了中国传统音乐的歌剧”；2016 年 10 月，作为参展项目，参加上海国际艺术节；2016 年 12 月 3 日，应邀为“一带一路”文化遗产国际学术研讨会开幕式演出，获得国际学术界的广泛认同和高度称赞。

“让年轻人走近南音，喜欢南音”，这个最初的期望得到了实现。参加第十八届中国上海国际艺术节期间，南音新作《凤求凰》演职团队走进同济大学、上海交通大学等高校进行巡演，并与高校师生进行互动，举办讲座。演出和讲座取得了成功，优美动听的音乐、才子佳人的故事、生动有趣的互动，激发了高校师生对南音这一古老乐种的兴趣。随着该作品的不断推广，南音这个古老而美丽的文化表现形式，以崭新的面貌被推介给社会大众乃至国际都市的观众和来自世界各地的演出商，为进一步广泛传播奠定了基础。

《凤求凰》主创们怀着传承传播南音文化的期许，进行了这一探索。每一次新的探索都伴随着批评与议论，这是无法避免的，但无可争议的是，投身其中的每一个人，都怀抱着对南音的热爱与责任，这种热爱与责任凝结成了宝贵的果实。

站在非物质文化遗产传承保护的层面看，《凤求凰》的创作传承了南音与南音文化。作为福建省“2011 计划”南音文化传承与发展协同创新中心策划的作品，其编创是南音学校教育的现实成果，是南音传承的优秀实践；其推广提升了泉州南音的知名度和社会认知度，促进了南音文化的宣传和弘扬，对泉州南音的传承和保护无疑具有十分积极的意义与作用。

当然，非物质文化遗产的再创造与艺术探索、艺术创新的内涵有本质的区别。“被不断再创造”是以该文化表现形式的持有者、习得者为主导进行的，是适应当下社会发展、生产生活需求所呈现出来的文化变迁过程和文化发展的阶段性表现，是已经融入该文化表现形式的整体的、崭新的时代内容。作为这些文化表现形式的组成部分，这样的内容是已经为该文化持有者、习得者、享有者所广泛认同或是具有相当的认知度、认同度。就目前而言，《凤求凰》还只是南音为适应当下社会发展所做出的一次探索，要真正实现南音的“再创造”过程，还需要经过局内人长时间的认同，使其成为该文化表现形式整体的一部分。但不可否认的是，南音新作《凤求凰》不仅在艺术创新、探索上有了一定的成就，也为南音文化发展做出了有益的探索，完全有资格为非物质文化遗产的传承和保护提供有益的经验与参考。

两岸南音文化传承传播中的“再创造”比较研究*

南音①作为中国非物质文化遗产的重要形态之一，其在发展、演进过程中以福建闽南为中心、以台港澳地区及东南亚诸国的华人聚居地为流播地，已然形成了一个具有中华民族传统特质文化形态的传承传播圈。据此，南音不仅仅是一种艺术范本，它同时也是中华民族的文化范本。而这种艺术的、文化的范本在发展中也会被不断地再创造，成为当代文化不可

* 本文原载于《交响：西安音乐学院学报》2017 年第 1 期。

① 虽然两岸对南音有不同的称谓，但也基本认同使用“南音”作为通用指称。为了方便行文，文中主要以南音指称，偶尔也出现南管、弦管之称，所指相同。从南音传承传播的历史考察，结合存见历代文献与当代存续状态，本文认为南音可以分为两个系统：馆阁存续的系统和作为表演艺术的系统。需要特别说明的是，本文初稿完成后，笔者就投入了“再创造”的具体实践中——南音新作《凤求凰》的创意、策划和实践。这部以联合国教科文组织《保护非物质文化遗产公约》基本理念为依据的南音新作，经南音文化圈和文化艺术界、学术界的检阅，得到了广泛的认同，在“再创造”的探索实践中取得了一定的经验。因此，结合本文的思考和南音新作《凤求凰》的编、创、演经验，笔者将会就非物质文化遗产“再创造”和作为表演艺术的南音文化等问题进一步展开讨论。笔者在写作过程中，还得到台湾师范大学吕锤宽教授和厦门台湾艺术研究院曾学文院长的指点，由于时间关系，他们的真知灼见尚未完全落实到文章中，期待日后有机会融入、提升、完善拙作。在此，特别致谢！

或缺的组成部分。[①]

一、题解

（一）关于非物质文化遗产的“再创造”

联合国教科文组织《保护非物质文化遗产公约》（以下简称《公约》）中明确指出，非物质文化遗产是“指被各社区、群体，有时是个人，视为其文化遗产组成部分的各种社会实践、观念表述、表现形式、知识、技能以及相关的工具、实物、手工艺品和文化场所”。其特质是“世代相传”并“在各社区和群体适应周围环境以及与自然和历史的互动中，被不断地再创造，为这些社区和群体提供认同感和持续感，从而增强对文化多样性和人类创造力的尊重”[②]。

非物质文化遗产体现了特定的民族、国家或社区（区域）内民众（有时是个体）独特的文化创造力。不论是物质成果，抑或行为方式、民族习惯、交往礼仪等，都是这种文化创造力的具体表现，并在不同的社会实践活动、认知过程以及文化表达方式中，或直接或间接地反映出该民族、国家独特的思想意识、情感态度和价值观。这些承继了传统的内力和文化基因、积淀着民族发展过程中的文化记忆而表现出来的独特创造力，是民族、国家或社区能够得以持续发展的动力，也是精神家园的缔造者和力量源泉。

作为活态流变的非物质文化遗产，它存续于民众的日常生产与生活

---

① 本文讨论的南音文化传承传播，意指所选择的研究对象——海峡两岸四个南音表演团体传承、传播南音文化的行为总和。这些行为包括他们对南音文化传统的继承以及在继承传统的同时所进行的有关“艺术探索”与“艺术创新”的再创造。因为传承保护南音文化是他们的天职，尤其是被认定为“保护单位”的泉州南音乐团和厦门南乐团，所以下文在讨论中如果无意识地忽略了其“继承保护”的作为，并不意味着他们做得不好，而是将这些作为认同为他们的日常功课，不再刻意强调而已。

② 联合国教科文组织：《保护非物质文化遗产公约》，载中国艺术研究院、中国非物质文化遗产保护中心编《中国非物质文化遗产普查手册》，文化艺术出版社 2007 年版，第 251 页。

当中并伴随时代与社会的发展过程而“被不断地再创造”。这种“再创造”使非物质文化遗产能够不断地吸收新的时代元素，满足民众的物质、精神文化需求，从而得以世代相传。可以说，非物质文化遗产“被不断地再创造”是人类创造力的生动体现，也是非物质文化遗产的生命力之所在。

同时，需要明确的是，非物质文化遗产的“被不断再创造”与艺术创作中为达到某种审美追求（以艺术为媒介，以审美为目的或在审美的名义下为达到其他目的、要求而进行的行为）而进行的“艺术探索”“艺术创新”之间有着本质的区别。笔者认为，“被不断再创造”是以该文化表现形式的持有者、习得者为主导进行的，是其在适应“当下”社会发展与生产生活需求的过程中所呈现出来的“文化变迁”过程和“文化发展”的阶段性形态，是已经融入该文化表现形式中的整体的、崭新的、明确的“时代”内容。作为这些文化表现形式的组成部分，这样的“内容”已经在该文化持有者、习得者、享有者群体中得到广泛认同。因此，考量“被不断再创造”的一个基本维度就是“局内人”在相对时间内的认同程度。艺术创作中的“艺术探索”“艺术创新”与非物质文化遗产“被不断再创造”之间有着本质的区别：一方面，其创造本身仅仅局限于艺术领域，并不能对文化整体系统产生影响；另一方面，这些“艺术探索”与“艺术创新”往往是个体或小群体为了“审美”或达到某些现实目的所进行的一次性行为，即便是多次重复，在“局内人”相对时间内的认同度上还是有所欠缺，也就是说还“有待于时间或历史的考验”，而且，从表演艺术的角度而言，即便是有一定的认同度，或者说被认为是成功的“艺术探索”与“艺术创新”，或许也只能是该文化表现形式的一次性探索、创新的客观存在。也就是说，“艺术探索”“艺术创新”实践只有成为该文化表现形式整体中的一部分，才真正实现了“再创造”的过程。因此，判断是否为“再创造”需要把握：其一，是否真正立基于传统；其二，是否为该文化的持有者、习得者、享有者所认同，为他们所需求；其三，所融入的时代特征是否经受了一段时间的检验。

为了便于讨论，本文将要讨论的对象都在一定的领域有相应的认同度。也就是说，他们不仅在艺术创新、探索上有一定的成就，而且也被认为在南音文化发展过程中的探索是有益的，是具有一定意义的“再创造”，只是在这样的过程中，各自表现的意义不同，各有得失而已。基于此，笔者予以比较辨析，并借此呈现笔者对南音文化认知及其“再创造”方面的一孔之见。

（二）《公约》与《中华人民共和国非物质文化遗产法》中传承、传播的释义

《公约》认为，非物质文化遗产的“保护”是指确保在人类历史发展过程中非物质文化遗产生命力延续、传承的各种措施，其中包括该遗产的确认、立档、研究、保存、保护、宣传、弘扬、传承（特别是通过正规和非正规教育）和振兴。可见，非物质文化遗产的传承和传播都属于非物质文化遗产的保护。

在我国，非物质文化遗产的保护与传承已经纳入法律的范畴。《中华人民共和国非物质文化遗产法》（以下简称《非遗法》）第三条规定：“国家对非物质文化遗产采取认定、记录、建档等措施予以保存，对体现中华民族优秀传统文化，具有历史、文学、艺术、科学价值的非物质文化遗产采取传承、传播等措施予以保护。”同时，《非遗法》中明确指出，国家鼓励和支持非物质文化遗产代表性项目的传承、传播，通过认定非物质文化遗产代表性项目的代表性传承人、支持其开展传承活动等方式促进非物质文化遗产的传承，并且从政府、学校、新闻媒体、公共文化机构等方面促进非物质文化遗产的传播。

由《公约》和《非遗法》中涉及非物质文化遗产传承、传播的相关内容可知：非物质文化遗产的传承主要指在文化表现形式及其存续的相应文化生态中的承传活动，注重文化表现形式自身内容与形式的代代相传、文化生态环境的存续，以及延续、创造和传承这种遗产的社区、群体自身的历史文化认同等；非物质文化遗产的传播则主要是指文化表现形式在其文化空间的展示，关注的是社会、公众对非物质文化遗产的了解与认识，以及非物质文化遗产价值在社会中得到的认可、尊重与弘扬。

非物质文化遗产的传承与传播是非物质文化遗产保护中密不可分、相互依托的两个方面：非物质文化遗产只有被持有者、习得者很好地传承下来，才能被更广泛的社会公众了解和认知，并产生社会影响；非物质文化遗产的传播又能促进社会对非物质文化遗产的认同与尊重，为其创造更好的传承条件和氛围。从大的方面来看，非物质文化遗产的传承有着明确的路径，即继承—传播—再创造（传承）。传承人先通过口传心授等方式对非物质文化遗产进行学习、继承，然后对其进行传播，最后在前人所传授的知识、技能等的基础上，结合时代需求，有所发明与创新，并进入集体的“再创造”过程。由此可见，非物质文化遗产的传承与传播是互相交融的两个方面。

（三）文化与南音文化的界定

广义的文化，是指与自然文化相对的人类活动与创造，是人类行为方式的总和，包括物质文化、制度文化、精神文化等几个层面的内容。其中，物质文化是为满足人类生活和生存需要所创造的物质产品及其所表现的文化；制度文化反映了个人与他人、个体与群体之间的关系；精神文化是人类在社会实践和意识活动中育化出来的价值观念、思维方式、道德情操、审美趣味、宗教感情、民族性格等。

南音文化是精神文化之一部分。通常而言，南音又称南曲、南乐、南管、弦管，主要由“指”“谱”“曲”三大类组成，是保存我国古代音乐比较丰富、完整的一个大乐种[①]。两汉、晋、唐、两宋等朝代的中原移民把音乐文化带入以泉州为中心的闽南地区，并与当地民间音乐融合，形成了这种具有中原古乐遗韵的文化表现形式；或者说，南音是汉唐音乐随着移民迁徙一路传承传播，不断吸收涵化，不断再创造，并在明清时期形成基本稳定的表现形式，成为以泉州为中心传承区域的中国古代音乐的当代活态遗存。南音用泉州方言演唱，主要以琵琶、洞箫、二弦、三弦、拍板等乐器演奏。随着不断的发展，南音已经融入历代闽南人尤其是泉州人的日常

① 南音渗透于民众生活的诸多方面，与闽南文化圈民众的生老病死、生产生活、精神信仰密切相关，其在音乐史上的意义非同一般，台湾学者吕锤宽教授认为，南音甚至可以被表述为“一个庞大的中国古代音乐体系遗存的音乐文化类型”。（据与吕教授谈话内容整理）

生活之中，并且随着他们的足迹流播四方。

基于文化的概念，本文所说的“南音文化”可以界定为：南音文化持有者、习得者和享用者的生活方式和生命体验过程，包括所有南音持有者、习得者、享用者所共有的语言、传统、习惯和规制，有激励作用的思想、信仰和价值，以及它们在物质工具和制造物中的体现。也就是说，南音文化涵盖了历史衍生发展过程中所积淀下来的诸多层积及其相关的文化空间与物件，所积淀形成的习俗仪轨、规约制度、价值认同、精神信仰，以及被当下持有者、习得者、享用者视为传统并依凭着这些传统，在日常生活中展示出来的所有行为及相关规范。

二、时空定位与案例选择

自 19 世纪末开始，伴随着民族灾难、世界战争、自然灾害等的频发，包括南音文化在内的中国传统文化传承发展面临着一次又一次的严峻挑战。本文以 20 世纪下半叶到现在的 50 年间为经，以闽南泉厦地域及台湾地区为纬，在此时空中讨论南音文化的存续与演进。

在这个时空中，南音的馆阁和传承机构有很多，之所以选择两岸的这四个团体，是因为它们都以传承传播南音文化为己任，并且有一个共同的特点——都是“艺术表演团体”，属于作为表演艺术的南音文化的范畴；在几十年的南音文化传承传播过程中，它们都在“南音作为表演艺术”方面做了大量的“探索”与“创新”。需要强调的是，因为体制的缘故，台湾的两个团体所进行的探索，个体性、独立性更强，所以在文化的传承方面更讲求自我发挥；而大陆的团体，即便是团长负责制，团长也不可能完完全全按其个人“理念”进行操作，在艺术上更讲求团队创作。

相形之下，大陆文化主管部门在传统文化的传承传播方面，常常显示出强有力的支撑作用；从汉唐乐府、心心南管乐坊的情况来看，台湾的文化行政主管部门在其中的作用似乎就小许多，或许只是那种幕后的角色。毕竟，传统文化传承和当代文化事业的发展，不是给点经费补贴就可以了之。正如余英时先生所说，“传统是在不断阐释中存在的。经过阐释的传统才是有生命力的传统。”文化或经朝历代，或经年累月，其传统和传统文化表现形式都需要一个被整理和被阐释的过程，这种整理和阐释需要更广大的社会力量的投入……所以，从这一点而言，陈美娥、王心心们总显得有点影单形只！

台湾对传统文化的自觉保护行动是从20世纪五六十年代开始的。1966年，台湾发起了“中华文化复兴运动”。20世纪70年代，台湾进行本土化的文化建设。随着本土化文化建设的不断发展，台湾人逐渐意识到保存传统文化的重要性，开始重视台湾的人文生活与价值观。

大陆对传统文化的保护是从20世纪80年代开始的，之前虽然有过规模不小的包括民间音乐、民族语言等方面的社会调查，但这些调查一方面以“为我所用”为主导思想，另一方面也没有足够的影响力渗透到社会文化生活的方方面面。20世纪70年代末，民俗学家钟敬文、戏曲学家张庚、音乐家吕骥等多位文化界老专家多次呼吁进行民族民间文化的挖掘、整理工作。1979年，文化部、国家民委与中国音乐家协会、中国舞蹈家协会、中国戏剧家协会、中国民间文艺家协会、中国曲艺家协会等共同启动了被称为“文化长城”的十部《中国民族民间文艺集成志书》的编撰工作，而实际的、全面的收集整理工作开始于20世纪80年代以后。①

与台湾相比，大陆这次对传统文化的保护晚了二三十年。正是由于在传统文化保护方面存在的时间差距，大陆真正意义上的南音文化（尤其是以馆阁存续为主的南音文化）复兴始于20世纪80年代的中后期。两岸对于南音文化传承的探索在此之前已经存在，只是影响不大。从20世纪50年代开始，大陆文化界对“南音的归类”②以及因此出现的表演艺术形式的探索一直在持续着，如厦门出现的南音表演唱形式和将毛泽东诗词嵌入稍

① 相关论述可参阅乔建中先生关于“集成”的相关文章。

② 按文联九大协会划分，南音艺术家归“曲艺家协会”系统。虽后有“中国南音学会”之存在和对南音认知方面的修正，但目前南音习得者依然以“曲艺家”的身份获得认同，或被认为归“音乐家协会”系统。

加改动的南音曲牌等。20 世纪 90 年代，两岸开始对南音这一文化表现形式从“艺术表演”的层面进行新的、具有一定深度的探索。几十年过去了，随着社会的发展，两岸交流愈加频繁，两岸在南音这一文化表现形式的传承传播方面也有了不少作为。基于此，本文选择将 20 世纪 50 年代至今作为研究的历史时段，选择四个代表性乐团的几部作品做深入分析，进行两岸南音文化传承传播中的“再创造”的比较研究。

这一时段两岸作为表演艺术的南音传承传播“动作较大”的“再创造”实践由厦门南乐团的《南音魂》肇始；汉唐乐府的《艳歌行》紧随其后并开海外传播之先河[①]；台湾心心南管乐坊则以《胭脂扣》《霓裳羽衣》拼贴上阵，继而并存“回归本真”；随后，泉州南音乐团亦步亦趋，以“专场晚会”的形式展示其探索。[②]

相对于千年古乐而言，不到 30 年的文化传承、艺术探索，历史实在很短，因此对它们进行评判也似乎为时尚早。然而，在历史与文化的发展演进中，艺术探索的事件也不断地发生着。其中的评说者与被评说者、同感的声音与异感的批语，乃至各种类型化的问题等，或许就是它们所做的“艺术探索”，其为南音文化传承传播所呈现给我们的经验，是可以借鉴的。因此，我们要以特别宽容的态度对待它们的作为，怀着感恩之心去阅读、理解它们——怀着一种责任，去真诚地实践各自的文化担当……只有这样，才有益于促进艺术的探索，有利于文化的一脉相传。

---

① 汉唐乐府相关资料显示，汉唐乐府是将“南音”带到欧美表演艺术舞台的第一团。

② 本文选取台湾汉唐乐府、心心南管乐坊、厦门南乐团与泉州南音乐团及其代表性作品做简略描述分析、比较研究，以明晰它们在南音文化传承传播中“再创造”的同异。四个团体的简介详见附录。

三、传承传播中“再创造”的比较分析

（一）从复兴南音古乐出发，汉唐乐府构建并真实地展现了想象中的汉唐南音乐舞世界

1.《艳歌行》

根据2005年《海峡两岸南音展演暨民间艺术节特刊》资料显示，汉唐乐府《艳歌行》[①]由以下五个部分构成：第一，《艳歌行》以传统梨园戏小旦婀娜娇俏之科步身段，描述秀丽佳人踏青嬉春之万种风情；第二，《簪花记》以传统梨园戏大旦文雅端庄之科步身段，描述靓丽女子春锁深闺之落寞凄清；第三，《相思吟》采自梨园戏《高文举》之经典剧段《玉真行》，以汉代相和歌演唱形态——“一人唱三人和”衬托独舞者于六米见方之勾栏，表现路途沧桑、愁思牵绊之情态；第四，《阳关三叠尾》传统南管古乐“上四管”演奏排场，恰似“丝竹相和，执节者歌”之汉代宫廷音乐《相和大曲》之演奏形态；第五，《满堂春》第一段为“四块舞”，四块是南管传统音乐里最富特色的打击乐器。顾名思义，四块是由四个两端有节之竹板组成，演奏时双手各执两片，手臂运劲使竹片两两相振互击，令其发出细密如凤鸣嘹唳之声，极其朴素的竹片却能表现清脆嘹亮的悦耳音色，配合抡、捻、敲、击、碰等利落手法，以及优雅美妙的身形步态，形成一套精彩绝伦、颇具视听喜感效果的形式。第二段为“上下四管大合奏”。传统南管“上下四管大合奏”之排场，恰似《周礼》“堂上琴瑟、管弦之歌，堂下四垂、钟声之调”之合乐形态，表现谦恭和谐之礼乐精神。

诚如蔡欣欣女士所言，《艳歌行》“以‘情思’为主核，结合古诗词作为乐舞意象，没有特定的情节与内容，在舞作的编排结构上，以均衡调剂各种演出形式、展现南管传统排场为目的。写意的舞台与砌末，低色的灯光与壁画等设计，显然都是为了让观众的视听凝聚力更为集中，而在帘幕

① 蔡欣欣文章中的附录资料显示：《艳歌行》1996年首演，由《西江月引》《艳歌行》《簪花记》《夜未央》《满堂春》五段组成。

低垂中型塑出诗情画意般的乐舞景观”[①]。可以看出，在舞台视觉上，《艳歌行》基本保留了上下四管的唱奏形态。由《明刊三种》可知，当代南音的唱奏形态，是立基于明清以来的传承并存续于当下的南音唱奏展示形态。《艳歌行》在基本保留传统唱奏形态的基础上，增加了创新的“四块舞”，不经意间却成了“新的传统”，被南音表演艺术界之后的“编创”竞相仿效。但需要注意的是，就像电影中听（音乐）与视（影像）的关系一样，虽然绝对不能没有音乐的存在，但音乐是作为影像的配角而存在，《艳歌行》在视觉，如灯光、舞蹈、服饰等方面的创新，在满足舞台意境营造的同时，在一定程度上也弱化了音乐，即南音的主体地位。接受《艳歌行》“洗礼”的受众，其听觉被视觉压制。这样的结果，对于谙熟指谱曲的“行内人”来说，它是否是创新——暂且搁置不论；而对于“行外人”来说，如果没有刻意地强调这是新创的、用南音伴奏的梨园乐舞，自然就容易造成误读。更何况，就笔者接触的相关资料来看，这种“刻意的强调”非但没有，相反的，被不断强调的是“那就是南音”。

2.《荔镜奇缘》

有别于《艳歌行》以组合式的段落结构，着重于一段心情、一些意象、一种意境的描绘与型塑，1998 年的《荔镜奇缘》在叙事结构与情节内容上相对发展得更为完整。它以梨园戏的经典名作《陈三五娘》为素材，采用“叠头式”的手法，将折子串连为全本。作为乐舞剧的故事主体与表演内容，乐舞中五娘“抛荔定情”是爱情的开端，“益春留伞”是爱情的催化，“三人出奔”见证爱情的完成，因此已然具备了“说故事”的成分，而随着剧情的急转直下，舒雅细缓的梨园科步，也在高低起落、松紧收放的情绪转折中，发酵着忧、喜、惊、惧等风姿情韵。[②]

---

① 蔡欣欣：《镕铸古典诗意与现代风姿的梨园乐舞》，载曾学文主编《海峡两岸民间艺术交流——金桥·2009 海峡两岸民间艺术节论文集》，厦门大学出版社 2010 年版，第 175—190 页。

② 参见蔡欣欣《镕铸古典诗意与现代风姿的梨园乐舞》，载曾学文主编《海峡两岸民间艺术交流——金桥·2009 海峡两岸民间艺术节论文集》，厦门大学出版社 2010 年版，第 175—190 页。

《荔镜奇缘》由《春莺啭》(睇灯、掷荔、拾荔)、《双雁影》(赏花)、《鹊踏枝》(留伞)、《乌夜啼》(小闷、大闷、私会)与《鹧鸪飞》(私奔)五段乐舞组成。得益于较好的国际交流平台和资源，汉唐乐府《荔镜奇缘》的演示在“实景再现”方面做出了有益的探索，要比后来的那些“实景演出”早了十年左右。笔者没有看过现场的展示，就录像资料判断，相对于前厅的演绎，置之于后堂的上下四管虽然很重要，但还是比较容易被陌生的新受众忽略。而随着“陈三五娘”剧情的展开，受众的注意也逐渐被故事情节吸引……

> 《荔镜奇缘》以弦管曲词作为歌词，配置生角陈三、大旦五娘以及小旦益春三个人物，结合梨园戏经典折子的身段科步，以单人舞、双人舞或三人舞的方式组合乐舞。①

从梨园科步演变来的“舞蹈”是《荔镜奇缘》舞台展示的核心形式，如果暂时忽略“背景音乐”的话，看起来有点像默片或悬丝傀儡的感觉。从艺术探索的角度而言，从舞台展示到实景中的演绎，空间上的突破使这部作品有了特殊的意义，在某种程度上暗合了千百年来在闽南民居文化空间中被演绎的“陈三五娘”故事的具象化。这种暗合，或许可以为南音文化研究者、人类学学者提供一些想象的提示，为把握那些文化空间中的南音文化故事存续提供想象的依凭。

3.《韩熙载夜宴图》

笔者有幸应邀在北京故宫现场观看了《韩熙载夜宴图》，或许是秋凉影响了观赏的感受，或许是自身感悟力的缺陷，抑或是当时对南音的固执认知和先入为主的障碍，笔者感受到的却不像蔡教授所描述的那样曼妙。蔡欣欣描述说：

---

① 蔡欣欣:《镕铸古典诗意与现代风姿的梨园乐舞》，载曾学文主编《海峡两岸民间艺术交流——金桥·2009海峡两岸民间艺术节论文集》，厦门大学出版社2010年版，第175—190页。

由五代南唐翰林画院待诏顾闳中所绘制的《韩熙载夜宴图》，在长达三公尺左右的连环构图中，画家巧妙地以床榻及画屏作为区隔，画的各部分看似连续却又各自独立，形成了如同音乐“乐章”的节奏感，引起人们身临其境亲眼看见的联想。全图由右到左分为五个场景画面，第一个场景“听乐”是描绘韩熙载及众宾客，静听教坊副使李嘉明的妹妹弹奏琵琶；其次“观舞”中韩熙载亲自击鼓，为宠妓王屋山的《六幺舞》伴奏；接着的“歇息”是韩熙载退入室内，洗手后休息的情景；第四个画面“清吹”为韩熙载坦腹而坐，持扇聆听乐妓们的演奏；最后的“散宴”则是韩熙载伫立，静看宾客与乐妓们的调笑周旋。这自然合一的时间延续和空间转换，组构出相当生动逼真的“宴会进行曲”。①

《韩熙载夜宴图》由海峡两岸精英鼎力制作，是“汉唐乐府”创团20年的力作②，分为《沉吟》《清吹》《听乐》《歇息》《观舞》与《散宴》六幕，大抵悉仿原画作的场景与人物，然更灵动地结合了各种艺术手段，增添了乐舞的表演性与图像的细节性。全剧以南管古乐四大名谱作为音乐主体，全面地展示了南管吹、弹、拉、打击等乐器的特殊音质和技巧，又特意在演出中搭配花艺、香道与茶道，以展示中华文化的气韵风华。③

如果受众没有《艳歌行》《丽人行》《荔镜奇缘》等剧目的观赏经历，

① 蔡欣欣：《镕铸古典诗意与现代风姿的梨园乐舞》，载曾学文主编《海峡两岸民间艺术交流——金桥·2009海峡两岸民间艺术节论文集》，厦门大学出版社2010年版，第175—190页。

② 编剧为泉州著名剧作家王仁杰，舞台与服装设计为香港的叶锦添，导演蒋维国原任教于上海戏剧学院导演系，后在中国大陆、台湾地区及英国担任导演或参与演出，现在香港演艺学校任教。

③ 蔡欣欣：《镕铸古典诗意与现代风姿的梨园乐舞》，载曾学文主编《海峡两岸民间艺术交流——金桥·2009海峡两岸民间艺术节论文集》，厦门大学出版社2010年版，第175—190页。

一下子面对《韩熙载夜宴图》的视觉冲击，肯定会被震撼，甚至于迷醉；而如果将汉唐乐府所走过的探索之路联系起来，受众自然不难发现熟悉的身姿、舞蹈等。新的剧目会有新的内容，增加新的表现形式，但类型化的问题是无法回避的，也不是故宫这样的文化空间可以弥补的，更何况这个宫殿并非“复兴古乐”理想追求中的汉唐时期的宫殿。即便不被作为营销的噱头，在北京故宫搬演这个剧目的创意，不仅为“夜宴”提供文化空间上的摄受力量，更重要的是还显示了汉唐乐府 CEO 的社会综合运作能力。1994 年，汉唐乐府成立汉唐乐府艺术中心，开始企业化经营，因此，以追求学术理想而进行的艺术创新与实现企业利润双赢作为其目标，自然是无可厚非，它有创作与生产的自由。

> 在先后结合诗词意象，以及戏曲故事作为创造题材后，汉唐乐府尝试将“历史名画”编舞作戏。“人物故事画”兼具着叙事与具象的特色，但又不似诗词的抽象性与戏曲的完整度，因而反倒提供了更多解构、转译、凝缩、移置与展延图像的可能性。2002 年的《韩熙载夜宴图》由于画卷本身便是一部古代文化史、绘画史、音乐史及文人生活的展示，特别是演奏排场、乐器型制以及舞蹈等形象，正适合以南管乐舞来加以演绎。①

《韩熙载夜宴图》的灯光是没的说的，舞台展示融入的一些传统文化元素以及区域文化的表征性符号，甚至创造性地引入压脚鼓演奏的舞段，从艺术创作的角度而言是可圈可点的。然而，在这里，梨园乐舞、南音乐舞与传统南音的边界已经模糊，甚至让受众把《韩熙载夜宴图》这样的艺术探索当成了存续当代的南音展示形态……所以，在多次学术研讨会上，不少国内和国外的专家学者发出这样的询问：南音就是这样吗？南音就是

---

① 蔡欣欣：《镕铸古典诗意与现代风姿的梨园乐舞》，载曾学文主编《海峡两岸民间艺术交流——金桥·2009 海峡两岸民间艺术节论文集》，厦门大学出版社 2010 年版，第 175—190 页。

舞蹈吗？它的展示是如此的曼妙艳丽吗？而有的观众在看了《韩熙载夜宴图》后，曾在微博上留言“和其他戏曲一样，南音表演中也有众多形象生动的肢体语言，比起京剧的庄重大气，南音的形象更加婉约和柔美”，就更是不足为奇了。

> 全剧从欢/思、动/静、爱/愁、疏/密、虚/实等对立与生成中，演绎乱世儿女对“心中乐土”的护持与追寻，令人观后感触颇深。剧中尝试突破往昔的表演样式，如韩熙载模拟“悬丝傀儡”的人偶型塑，以高挺轩然的身姿、冷淡寡欢的神情，深沉地表露出身不由己的抑郁、忧国忧民的心绪、有志难伸的无奈；而僧德明循鼓舞蹈“十八罗汉科”，则是由佛教的十八罗汉造型，结合南少林的拳经棍法所发展出来的身段舞姿。二者均是首度结合男舞者的“生行”表演，演绎了男性的阳刚气息。至于女舞者也突破向来细腻简洁的动作，以“绿么舞”的回节曼舞、“踏毬舞”的活泼嬉戏，展示了轻柔内敛的乐舞意韵。①

汉唐乐府在艺术创作上的探索是凭借传统南音指谱曲而创作新的舞台艺术作品，然而就音乐方面而言，确实相当的“保守”，主要是对传统南音乐曲重新整理和组合，这也许就是他们所需要坚守的传统——凭借华丽惊艳的舞台展示实现这种坚守。但是，就客观效果而言，对于普通的受众，这样的舞台艺术作品可以看作是舞蹈配音乐，说音乐配舞蹈似乎都有点牵强，或许正因为如此，再加上接受采访时为了突出“古乐南音”而多以论说南音为主，自然就产生了一些误读现象。2000年，汉唐乐府应邀参加法国里昂双年舞蹈节，获媒体评选的“最佳舞蹈评论奖”。2003年，被《纽约时报》艺术休闲版权威舞蹈评论家珍妮弗·丹宁评为“全美年度风

① 蔡欣欣：《镕铸古典诗意与现代风姿的梨园乐舞》，载曾学文主编《海峡两岸民间艺术交流——金桥·2009海峡两岸民间艺术节论文集》，厦门大学出版社2010年版，第175—190页。

云奖最佳舞作”的榜眼。汉唐乐府参加舞蹈节，获得舞蹈评论家的高度评价，似乎也从侧面说明了这一问题。

4. 对汉唐乐府“再创造”的思考

不论是《艳歌行》艳惊国际艺坛，还是之前的南音馆阁组团赴欧洲展演，都不是本文要关注的问题。本文关注的是，南音作为一种文化表现形式，它的外延和内涵是不是被真实地介绍给了受众。谁把南音第一次带到国际舞台将来自有人去研究，也会有定论。但是，汉唐乐府带去的肯定是被称为“梨园乐舞”的舞台艺术作品。就媒体留存下来的一些文字和采访资料来看，汉唐乐府展示（演）在舞台上的是“梨园乐舞”“南音乐舞”，说的却是“南管古乐”，追求的复兴古乐的理想也是非常鲜明地表述着，而客观上的误读却不能仅仅靠复兴古乐的学术理想做出周全解释。当然，梨园乐舞要展示在舞台上，离开南音作为音乐伴奏可能也难以实现“当下那样”的效果。或许，正是因为这种宏大的学术理想、华丽的舞台展示使其与观众的接受之间出现了一些间离，所以，出现了将梨园乐舞误读为当代南音舞台展示形态的现象。如果一定认为南音是由汉唐乐府带到国际舞台上的，这也许就是今天留给未来从事南音流播史、南音文化对外交流等方面研究的研究者的课题。

不论是“活化、深化传统”，还是“再造传统”[①]，从视觉的角度而言，梨园乐舞、南音乐舞在编排和舞美、灯光、服饰、道具运用等方面，获得了很大的成功；但对于掌门人陈美娥的学术理想追求——复兴南音古乐，汉唐乐府的作为却只是一个美好的理想和一种真实的责任。他们从复兴南音古乐出发，真诚地实现着修复传统、传承南音文化的文化担当，构建的虽是“汉唐南音乐舞”的虚拟世界，但在震惊欧美艺坛、感动自己的同时，也令人动容。汉唐乐府展示在舞台上的“南音乐舞”，或许可以说是一种历史上的可能，但从汉唐到如今，南音已经不是“那个样子”，自

① 蔡欣欣：《镕铸古典诗意与现代风姿的梨园乐舞》，载曾学文主编《海峡两岸民间艺术交流——金桥·2009海峡两岸民间艺术节论文集》，厦门大学出版社2010年版，第175—190页。

然不必不断地强调那就是“南音”。当然，即便汉唐时期的南音乐舞就是这样，也不能不顾及当代活态南音展示形态的事实。实际上，承认那是创作者想象中的汉唐南音乐舞也没什么，像当年陕西艺术界创作的《仿唐乐舞》，明白地告诉受众，那是“仿”的，却并没有太多影响到人们的审美和对艺术创造的称赞。这样的执着，或许就是责任。借此，我们可以理解为陈美娥太爱南音了，太急于让受众接受“那就是南音”了，于是乎两相混同，直接将想象的世界变成了真实的世界。这是陈美娥南音文化担当的真诚处，也是让我们感动的地方！陈美娥有浓厚的文化感觉和追求，但她把自己复兴古乐南音的理想实现到了舞台节目中，将其舞蹈化、戏剧化，因此在虚拟的世界中实现的只能是舞台艺术化的、虚拟的理想。

纵观汉唐乐府这几十年的创作，不论是集体智慧的结晶还是陈美娥女士的聪慧体现，在适应当代民众审美需求的舞台展示上可以说是一步一个脚印，《韩熙载夜宴图》《洛神赋》的创作已经到了极致，而南音作为诸多创作元素中的一部分，也随着作品成功地进入了成千上万的听众的耳中。但是对这些受众的影响到底是什么？他们所得到的认知是哪些？目前我们很难做出评估。单从学者和受众的误读来看，我们应该认真地检视过去的作为。从文化的角度审视南音，我们似乎应该采取更正确的、完整的方式将南音或南音文化介绍给世界。我们完全应该称赞汉唐乐府创作以南音为依托的诸多鸿篇巨制所付出的努力。对于一个艺术团体，我们没有理由把所有的传播传承重任都压在它的身上，我们应该充分认识到陈美娥及其汉唐乐府对于南音这一文化表现形式、这个人类非物质文化遗产代表作的再创造所做的巨大贡献，而且应该永远铭记这样的贡献。

陈美娥针对传统南音界对汉唐乐府的不解状况也常会发出一些感慨：或许南音界应该再拓宽视野和心量，允许诸多艺术探索的存在，共同来推动南音文化的传承传播，而不应囿于传统，故步自封。毋庸置疑，南音不能离开当代社会生活的需求而存在，作为非物质文化遗产，南音必然在民众（尤其是南音弦友）不断的“再创造”中走向未来。

（二）在汉唐乐府艺术探索惯性的驱动下，心心南管乐坊与现代舞等跨界合作，在不断地进行艺术尝试和“文化创意”包装后逐渐迷失南音本源，南管昆曲新唱《霓裳羽衣》厕身回归南音唱奏本体——古诗词吟诵与南管传统曲牌结合，“任性”地在南音表演艺术领域和南音文化传承方面实现其“再创造”

1.《霓裳羽衣》

讨论王心心及其心心南管乐坊在南音传承传播方面的“再创造”，首先需要了解她在汉唐乐府的作为。据资料显示：在汉唐乐府担任音乐总监后，王心心除了为团里训练人才、担任音乐会的主要乐师及主唱外，她也致力于南管古乐与现代艺术的结合与创新。拥有“五块交椅坐透透”① 荣誉称谓的王心心，协助汉唐乐府将委婉内敛的南管与细致柔美的梨园舞步相结合，其作品不仅轰动台湾文艺界，也成为全世界竞相邀请的对象。所幸，王心心及其心心南管乐坊没有迷失在与现代舞合作的《胭脂扣》等的探索之中，她们逐渐认识到自身的价值，2009 年成为其艺术探索和南音文化传承传播的一个转折点。

《霓裳羽衣》由王心心与昆曲名旦钱熠共同创作演绎，2009 年 12 月在台北正式演出。笔者有幸在台北观摩过此剧，现场的舞台展示着实给笔者很大的审美冲击，尤其被王心心的唱功打动。该剧以昆曲《长生殿》为蓝本，跳出唐明皇与杨贵妃的爱情主题，聚焦上元仙子与杨贵妃的情谊，创造性地将南管与昆曲融为一体，以南管的极简与清雅代表天上音乐，昆曲的婉转与典雅代表人间音乐。王心心的演唱音质纯正，韵情深邃，动人心弦，颇富古典歌乐婉约淳厚的风格。正如台湾知名编舞家林怀民所说：“她尚未出场，我们静默等候；她一开口，我们便不知道自己在哪里了。”

在网络如此发达的今天，相比较于汉唐乐府的网络资料，我们能找到的关于王心心的资料却很少，兹根据现有网络资料对《霓裳羽衣》的评介，综述如下：

① 这是对琵琶、洞箫、三弦、二弦、唱工皆精通的南管艺人之尊称。

> 用南管和昆曲许多相同的曲牌，王心心和钱熠串联出一场完整的演出，并在传统故事上开出不同的欣赏向度。且此两种艺术的碰撞相当巧妙：南管里缺少的念词，昆曲可以补足；昆曲音乐没有的独立弹唱，南管加以辅助。此外，南管琵琶和昆曲所用的现代琵琶[①]同时出现在视线中更是令人惊艳。除基本技法不同外，两种琵琶的音色亦有天壤之别：南管琵琶空灵温润的声音很符合惬意江南的特色，反之，现代琵琶的技巧多，让音乐本身表达精准丰富。于是，当两者齐奏时，柔和的音色配着多变的音乐表情，感官的新奇前所未有。
>
> 此次演出很特别，以现代谱曲的南管作结束。三首【清平调】根据李白三首【清平调】的词为基础，由当代作曲家陈华智以南管曲牌编创。意义上呼应到《长生殿》的故事脉络，而音乐上则展现了当代的新诠释。最后此三首以全体大合唱的方式呈现。[②]

从舞台展示看，《霓裳羽衣》在满足当代观众审美习惯和需求上，下了不少功夫。此外，将两个人类非物质文化遗产代表作项目“拼贴”在一起展示，反映出王心心在文化层面已经有所思考。因此也就容易引起观者的共鸣。

> 南管和昆曲虽贵为世界文化遗产，可惜懂得欣赏的人却日趋减少，如何让这些伟大的艺术走向更长久的未来成了当务之急。在这方面，王心心和钱熠做了很大的努力。有别于传统的方式，近年她们携手合作以崭新的剧场艺术形式呈现音乐演出，运用当代最具影响力的视觉效果，唤起华人对这些古老艺术的重视。[③]

然而，脱离开汉唐乐府强大的社会运作和媒体宣传，此时王心心的

① 此处应该以民族器乐界的约定俗成的称谓为宜，即北琶。

② 根据网络资料整理。

③ 资料整理自网络“好搜百科”。

探索似乎越来越小众化了——本来南音的艺术探索成果的展示都是小众化的，只是到了这里更“小”了。尽管在台湾参与王心心及其南管乐坊创新剧目的艺术家不少，追捧的受众也不在少数，但由于种种原因，终究难以形成“气候”。王心心本人及其周围的同道们一定也会意识到这些问题，且这种“意识到”的状态，一定发生在2009年之前。因此，岁月的无情与生存的艰难，使得王心心及其南管乐坊不得不选择转身回头，回到自己可以扬长的空间，同时也回到离当代南音本体形态更近的地方。考察王心心及其南管乐坊的责任感和文化担当，或许在南音文化的传承传播方面更容易理解她的执着和任性。

2．承与传

舞台展示的回归本体，也许只是心心南管乐坊应对“时艰”的妥协，所以王心心不会那么轻易地放弃舞台，放弃传播传承南音艺术，只是稍稍“厕身”以兼顾生存的问题，更何况她依然以吟唱、弹唱等形式出现在当下的舞台上——新近一台以余光中的《乡愁》为蓝本，通过创意包装的新编曲目亮相海峡两岸便是证明。实际上，王心心与南管界编曲者以及其他音乐家的合作已经延续了很多年，自2004年以来，在“古诗词入曲”方面更有不俗表现。有人称“唐诗、宋词入南曲是王心心的创举”，这未免有些不够严谨，但笔者认同王心心在这一方面所做的实践探索，认为她的实践是吸收了两岸乃至整个国际南音界探索经验后的升华。正因为她是南音表演技艺层次很高的艺术家，这样的探索多少带上了个人的色彩，所以更为广泛的认同也许还有待时日。

网络上的一段文字，肯定是对王心心敬爱有加的学生或晚辈提供的，它显示出“厕身”之后的王心心的作为：“金鼎奖最佳演唱得主王心心老师，是来自泉州的南管界瑰宝，拥有清雅醇正的南管唱腔及高超的乐器技巧，十年来一直是汉唐乐府的首席乐师及艺术总监，其个人的魅力及音乐造诣无人能出其右。但除了表演，王心心老师更以保存及推广南管音乐为毕生职志，于今年（2008）创立了心心南管乐坊，并以其丰富的教学经验，编撰了一套由浅入深的教材，能让毫无音乐基础的人迅速地掌握到南管特有的音乐形式，并借着发音、咬字，让学生学习到纯正的河洛古语，能因此更深层领略闽南语系的母语文化，融入汉族悠久的诗歌传统之中。”[①] 从中我们不难看出，王心心在教学、传承传播方面煞费苦心的“再创造”。

对于王心心在南音教育传承方面的“再创造”还有这样的评价：

> 受过学院扎实音乐训练，又累积了多年教学经验的王心心，脱离了一般民间艺师口传心授的传统教法……除了在各艺术大学教育专业人才之外，她还将南管音乐推入社区教育，与社区大学、各社区自治团体合作，开办南管欣赏班，培养欣赏南管音乐的人，并在校园推动南管社团的成立，举办示范讲座，让南管音乐能往下扎根，重新茁壮。更难能可贵的是，她教学经验丰富，教学方法清晰而又系统，让有心了解及学习南管音乐者，能由浅入深，以最有效率的学习方式掌握唱奏南管音乐的知识，是国内不可多得的南管音乐家与教学研究者。[②]

显然，王心心在南音传承传播方面用心良苦。有人说她在为南音培养市场，从市场营销的角度来看，她是努力的探索者，更何况传承传播南音文化的作为岂能等同于一般商品市场？退一万步来说，即便是这样，如果人人都像王心心这样努力探索培育南音文化消费的市场，那状况绝对不像当下如此惨淡！我们应该为王心心加油！

为系统保存及推广南管古乐，王心心与汉唐乐府合作录制了南管各曲牌大曲，及指、谱演奏音乐等有声出版品。为了个人理念的抒发，她还自费出版《南管锦曲选集》(1和2)。除了南管的传统曲目之外，为了让现代人更容易掌握南管音乐，王心心近年致力于《唐诗南管新唱》的制作与

① 资料整理自网络“好搜百科”。

② 资料引自网络“百度百科”。

发行，王心心不仅担任主唱，而且亲自监督幕后的录制工作，并邀集了泉州、厦门顶尖的南管乐手同参与，务求演奏及录音品质达到最高的水准。特别要说明的是，这张专辑的每首唐诗都谱以不同的南管曲牌，听众除了能在听觉上享受一场极致的盛宴外，还可以很快熟悉各曲牌的特色旋律，开启欣赏南管音乐的大门。

因应时代发展和传统继承的需要，文化持有者、习得者都应该坚持“两条腿走路”。客观地说，王心心在南音文化传承传播方面的努力，确实是值得称赞的，据说她是真正完全靠南音吃饭的人。自身生存的需要，促使她在传承传播上竭尽全力；文化传承的担当，促使她在探索上费尽心思。历史将记住这样一个全身心投入南音文化传承的“水查母”（闽南话，意为漂亮姑娘）！笔者一直被王心心传承传播南音文化的作为感动着，不知这种真实的责任和真诚的担当，有没有感动王心心自己？

（三）在锐意创新的厦门文艺界，坚守传统从来不是问题，关键在于在坚守和创新过程中的“度”的把握

在闽南地区，现代化、城市化的进程，厦门是走在最前面的。就文化艺术领域而言，厦门市政府早就提出了建造“艺术之城”的目标，而实际上在此之前，因应时代发展需要的“现代化”的艺术创新理念和探索实践，早在其文化艺术界相沿成习。自20世纪80年代开始，厦门凝聚了一个规模不小的团队并代代承继，从理论探索到实际践行，推动包括南音文化在内的传统文化传承、传播、发展和当代文化的建设、繁荣。

1.《南音魂》

1990年，厦门市文化局领衔创作演出了大型乐舞剧《南音魂》。该剧由冬、春、夏、秋四个乐章组成，描写被南音界广大弦友奉为乐神郎君的孟昶对南音的热爱与保护，以及其与花蕊夫人的爱情故事，歌颂了为中华文化世代传承而努力奋斗的精神。

该剧运用南音器乐曲《梅花操》为音乐主题，在传统南音上下四管的基础上加入了现代交响乐队进行演奏，并且运用了独唱、对唱、重唱、齐唱、合唱等多种歌唱形式。在表演上，融入了大量新编仿唐宋古典舞蹈，运用现代舞美设计，以形似南音琵琶的大型移动舞台配合多层次的灯光营造艺术氛围。

《南音魂》在福建省第十八届戏剧会演中获优秀演出奖、创作三等奖、优秀舞美奖、作曲奖、服装设计奖等奖项，成为当年戏剧会演的热点之一。30 年后的今天，我们重新看这个剧目，尤其是从南音文化传承传播的角度去观察，就有另外一种感觉。《南音魂》中的南音乐神郎君以及“南音”，都只是被借用的符号。在“交响乐思维”运作下，这些符号在以《梅花操》为素材创作的音乐主题呈现中进行的诸多演绎，告诉受众丝毫没有必要在这里找“南音”的听觉感受，也不该在隐约感觉到的样板戏音乐构建的思维模式中，去探讨“四管”被淹没和南音文化沦陷的问题……

尽管如此，在当时保守传统的南音界，这种探索无疑还是一个“重磅炸弹”，虽然已经有纪经亩等老先生们和新加坡湘灵音乐社的探索，但毕竟事涉“南音”。曾学文曾认为：“南音要不要发展？我想没有人敢说不要发展，十三大谱之后应该有十四大谱、十五大谱。它的表现形式除了‘四菜一汤’，应该还可以有不同的方式。但为什么每一次的变化，都会牵动那么多人的神经？就因为它历史太悠久了”，反对的声音基本上是从‘古制’观点出发，大多是按南音的传统标尺来衡量。一旦按传统的标尺来衡量，一切的移动都是违背祖制的”。[①]

曾学文的观点从艺术的层面切中了要害，确实也是南音界内外对“南音表演艺术创新探索”普遍存在的反应。在笔者看来，历史悠久和祖制积淀丰厚都是蕴藏着的能量，并时刻都在发挥着作用。或许正因为历史上弦管本质上有不是“表演艺术”的部分，只是士绅阶层自身修养、茶余饭后把玩的“文化表现形式”，所以鲜有“艺术的”创新、探索的行为和记录，祖制自然被长期坚守着。而当南音成为其中一群人的“饭碗”后，因为要满足受众的需要，要完成任务，创新、探索就是必然的事。作为表演艺术的南音，随着艺术表现形式的发展，或是内部蕴藏的力量需要寻找突

① 曾学文：《闽南传统艺术创作中本体特征的彰显》，《闽南文化研究》2014 年 12 月。

破，或是在适应社会变化的外在力量的压迫下的突破，即不论是为了内在生存的需要还是为了适应外在的变化，总有个突破的时机和方法的问题。“移步不换形”是方法，“剥皮抽筋另起炉灶”也是方法，关键在于所面对的对象以及“突破”的立基点和度的把握。确实，有人认为“传统是相对的，发展则是绝对的”，其实历史传统和当代发展是一体两面。当南音文化圈内外，都有这种共识，都认同其“不断被再创造”是历史的必然的时候，这样的问题就不是问题了。纵观历史经验，适当的突破、成功的起死回生，“主刀”或“主导”的大体都是“局内人”，如魏良辅与昆曲水磨调。

从南音文化传承传播的角度讨论，《南音魂》也许可以被认为是“没有明确的文化传承创新理念，只在艺术样式上展开思考的结果”①。但该作品标示为乐舞剧《南音魂》，在传播“南音”这个名称的同时，也给后来者提供了探索勇气方面的支持，想来汉唐乐府搬弄梨园科步配“四管”时，或许多少受些启发、影响。

2.《长恨歌》

2000年，厦门市南乐团、厦门市台湾艺术研究所、厦门歌舞剧院根据唐朝著名诗人白居易所作《长恨歌》创作了南音乐舞《长恨歌》(剧作家曾学文创作剧本，南音艺术家吴世安作曲)。该乐舞根据南音的特点，以“盟誓”“死别”“天上人间”三个故事片段，用“乐”与“舞”演绎了一段美丽动人的千古绝唱。

《长恨歌》节目单等资料显示，南音乐舞《长恨歌》分为三段：第一段表现唐明皇与杨贵妃的美好爱情，第二段表现杨贵妃自杀之前与唐明皇生离死别，第三段是唐明皇在幻想中与杨贵妃在天上相见的情景……在乐舞中，唐明皇、杨贵妃、乐工、宫女既是故事中的特定人物，又是且歌且乐者。让乐员化成唐朝乐工，突出南音乐队的特点，让唱员、舞者扮成宫女，赋予她们“乐和舞”的身份，两者融为一体，适合南音的演唱、演奏

① 曾学文:《闽南传统艺术创作中本体特征的彰显》,《闽南文化研究》2014年12月。

方式。

这部作品的曲作者是国家级项目南音代表性传承人、著名的洞箫演奏家吴世安先生，他曾因此剧目获得文华演奏奖，他是地道的南音文化“局内人”，同时在南音文化的传承传播、“再创造”方面有深入的思考和丰富的实践。他在接受笔者采访时谈道：“《长恨歌》的创作吸取了《南音魂》的教训，在作曲的素材选择上，选择一些音乐形象上能让人引起遐想的南音曲牌作为素材，并且根据剧情和人物情感表达的需要来进行创作。南音美，展示也要美，基于这样的理念追求和对于唱词意境的理解，营造《长恨歌》独特的艺术氛围。为了不过多地滑向戏剧的方向，又使节目的铺陈不显拖沓，所以在音乐和舞蹈的配比方面，唱的成分或多或少地让给了舞蹈的表现，以达到乐舞平衡的目的。”笔者特别理解创作者的做法，这个创作群体有明确的理念和追求，尽管有人站在戏剧性欣赏经验的角度认为“在唱腔方面主要唱段不够突出，不够过瘾，是个遗憾”，似乎也不无道理，但艺术探索总是有创作的坚持在内。

诚如曾学文所言：“不管是千年的南音、四百年的梨园，还是一百年的歌仔戏，发展是否适宜的标准只有一个，那就是你彰显了还是破坏了自身的美学特征……艺术的发展，是一个渐进的过程，它是随着时代的发展而发展，随着人们的审美变化而变化。今天我们虽然有能力在艺术创作上，对传统艺术进行大刀阔斧的改造，也可以用比较开阔的心态对待各种各样的实验与改革，但我个人还比较倾向遵循艺术规律的发展变化。所以，在创作过程中，我们既要吐故纳新来丰富传统艺术的表现力，同时也要牢牢把握住事物应有的美学特征。”①

正因为南音被确认为艺术，人们给予了明确的“美学特征”界定，并试图引导受众的“审美取向”，所以问题的讨论就只能在艺术的层面上，尽管艺术层面和文化层面的问题是不能截然分开的。在这一点上，哪一个艺术团体应该承担什么样的责任，眼下厦门艺术创作领域的“当家人”曾

① 曾学文：《闽南传统艺术创作中本体特征的彰显》，《闽南文化研究》2014 年 12 月。

学文的理念和思路是很明确的。[①] 也就是说，《长恨歌》的成功是集体智慧在相当历史时段探索后的结果。从某种意义上讲，这个长时期浸染于闽南文化的群体，实际上个个都是“局内人”，他们在《长恨歌》这个探索中恰当地把握了那个“度”。

基于这样的认识，该作品的创新之处在于适合于当代民众审美的需求，适当地选用了重唱、合唱等方式，渲染舞台气氛，抒发人物的情感，塑造角色形象。当作品风格在明确的“美学追求”的宏观控制下，在有浓重“南音口音”的“局内人”的精雕细琢之中，《长恨歌》的唱腔、过场音乐、舞蹈配乐几乎给人“无处不南音”的感觉。因而这是成功的“再创造”。

3.《情归何处》

《情归何处》是2012年厦门市南乐团创作的大型南音乐舞，由国家一级导演韩剑英、国家一级编剧曾学文、国家一级舞美黄永碤联手打造。厦门南乐团充分调动了全团的主要力量，完成谱曲、唱腔设计、编曲、配器等音乐部分的创作，在传统南音的基础上加以创新。该剧时长一个多小时，由中国《四大才女图》引发而来，以中国古代四大才女李清照、蔡文姬、卓文君和班昭为主角，讲述她们相似的命运。该剧浓缩版曾于2011年赴绍兴参加第七届中国曲艺节，亮相“南腔北调——南北曲艺荟萃专场”演出，荣获“优秀节目奖”。在该剧目的出版物封面上赫然打着“南音《情归何处》”的字样，表明了他们的认知与诉求，厦门南乐团认为，他们新编创的《情归何处》就是南音。

《情归何处》的剧本是意识流的文学剧本，包含了作者对历史的思考、对人性的拷问等深刻内涵，其是否适用于南音这种文化表现形式的舞台表现是个问题。既然认同适用并选择之，自然要有相适应的舞台展示与之匹配。而这最重要的莫过于音乐在其中必须起到的灵魂作用，这是该剧最需要解决的问题，因为是南音乐舞。令人遗憾的是，创作者在音乐上的创新

① 参见曾学文《闽南传统艺术创作中本体特征的彰显》，《闽南文化研究》2014年12月。

理念的缺失和结构方法的贫乏——以传统曲牌拼贴“应付”，使这部作品有点“失魂落魄”的样子。尽管在舞台上有充分的表演（加以舞美、舞台调动等），甚至让卓文君弹起了古筝，但该剧一方面在剧情上无法与凄美动人的李杨故事相比较而无法直接吸引受众，另一方面舞台整体展示无主干，块状的叙述多少给人凌乱的感觉，因此，也就注定了它与南音文化缺乏契合性，而且表现出较大的排异性。当然，这些或许与该剧曲艺艺术的定位、审美取向不无关系。

形在神也在，或形在神不在，或形神都不在，这是对文化表现形式传承的三种状态的描述。然而，从《情归何处》的编排与演出效果来看，这是厦门南乐团在南音文化传承传播中一次失度、失范的“再创造”。

“一种传统艺术的流传，它本身就背负着两种文化生态，一种是孕育哺育它成长的历史文化生态，一种则是它能够生存的当代文化生态。谈传统艺术，我们在关照历史文化生态的同时，也必须关照到当代的文化生态。”① 面对处于当代文化生态中的传统艺术，在既要维护传统又要满足当代的需求的前提下，如果这个“生态”没有很好地融传统于当代，不仅是“西装搭配运动鞋的时尚”，还会有致命的排异！

4. 对厦门南乐团“再创造”的思考

作为厦门南乐团的代表剧目之一，《南音魂》演绎了南音乐神孟昶与花蕊夫人的故事，但是在这部作品中，南音只是由头，虽音乐素材取之于南音名谱《梅花操》，实际上《南音魂》的音乐与南音本身的关系仅仅是新作品与素材的关系，与传统南音并无太多干系，其完全戏剧化的舞台表演与南音的展示方式更无关联。

其后的《长恨歌》，创作团队提出的思路是：唐诗、唐事、唐音、唐舞，并特别安排到西安采风，以刻意回避台湾汉唐乐府《艳歌行》的梨园科步。但毋庸置疑的是，从对四宝舞（闽南语又称“四块舞”）等的借鉴上看，《长恨歌》还是受了汉唐乐府创作的一些影响。令人特别欣慰的是，

---

① 曾学文：《闽南传统艺术创作中本体特征的彰显》，《闽南文化研究》2014 年 12 月。

《长恨歌》的音乐完全守住了南音韵味和闽南文化特色底线。虽然依然是戏剧舞台表演的走向，但因为守住了音乐的魂，所以吸引我们的是其中的音乐——从南音脱胎而来的音乐——“再创造”的实现。在形式上，《长恨歌》的音乐突破了传统南音曲牌套曲的结构方式，在内容上，坚持了弦管音乐的主体地位。可以说，《长恨歌》是典型的南音“再创造”的成功案例，可以作为新南音的经典作品存留于世。

以《长恨歌》所创造的高峰，随后的《情归何处》，不论在形式上还是内容上都疏离了《长恨歌》“再创造”的道路，在某些方面滑回了《南音魂》的旧轨。这是一群艺术家所进行的探索，他们真诚地对待南音这样一个传统文化的表现形式，为了满足广大受众的审美需求，履行着作为文化传承者和建设者的责任。正如曾学文所述：“自中华人民共和国成立以来，我们的戏曲从业人员一直是‘两条腿走路’，一条是专业艺术表演团体，一条是民间职业剧团（以前称业余剧团）。定位较为明确，专业艺术表演团体主要从事提高工作，多从艺术形态的层面去发展民间艺术；而民间职业剧团更多的是根据市场的需求，做普及的工作，多从文化形态融入百姓的日常生活中。专业剧团以‘舞台表演艺术’为重点，民间职业剧团则以‘民间活动’为主。所以，艺术的‘推陈出新’就成为专业从业人员对传统艺术‘保留’的一种责任。”[①]

（四）泉州南音乐团“身”处“南音发源地”，在繁星闪烁的“馆阁”中独得专业乐团之优势，为各级政府、广大民众所关注，却“守而难成”，其众多的优秀传统表演艺术的文化表现更是“业绩平平”

泉州是传统文化底蕴非常深厚、民众传承保护意识极强的地级市，传统文化在人们的日常生活中延续着，并不断地被“再创造”；虽然传统的生产方式产生了巨大的变化，但很多传统文化却奇迹地被转化到了新的乃至于现代化的生产方式之中，显示出传统文化在这块土地上顽强的生命力。

① 曾学文：《闽南传统艺术创作中本体特征的彰显》，《闽南文化研究》2014年12月。

说这里是南音的发源地，从某种意义上讲，似乎不太严谨。当代我们所见闻的南音展示形态，大约在明代或更早形成，可以用《明刊三种》插图佐证，但南音是不是土生土长在泉州的，学界素来有不同观点。从非物质文化遗产的角度而言，我们将泉州表述为南音的主要存续地是丝毫没有问题的，因为有数百个南音的民间馆阁、社团生息在这里，不断地延续着南音文化，连接着过去与现在、现在与未来，并不断“再创造”着新的传统。

1．承与传

泉州南音乐团自建团伊始就是名家辈出，当时的艺术家们与民间水乳交融，甚至可以说，乐团只是让他们多了个去处，他们孜孜不倦地向民间学习，承传下来不少经典。随着职业化的加深，专业、业余的分野，阶层意识产生，隔阂日深。

老一辈艺术家与民间馆阁有天然的“血缘”关系，之后成长起来的南音艺术家们，多数毕业于艺术学校，虽也有师徒传承，但那与馆阁的传承本质不同。这样的传承体制虽然培养了不少优秀的艺术家，但它在某种程度上加深了乐团艺术家与民间弦友的隔阂，这也是造成“守而难成”的重要原因之一。[①] 因为放弃了传统的基础阵地，慢慢地失去了向民间学习的传统，只守住了在学校学习的那些皮毛，何以堪“成”？当然，守成，尤其是文化守成不是一件容易的事，也不是一个人的力量能及，但是天降大任，在其位理应谋其事。我们不否认泉州南音乐团一代代艺术家身负南音传承传播的重任、坚守这块土地辛勤地耕耘的事实，但我们也不掩盖现存状态的不尽如人意。生逢盛世，身承重任，泉州南音乐团理应有更大的作为，我们期待着！

说起泉州南音乐团的专场演出以及因之产生的传播效果，据老团长尤春成先生回忆，从 1999 年的迎春演唱会到 2006 年的专场展示会，每年

① 其实这种隔阂疏离不是泉州南音乐团的问题，而是全国同类专业艺术团体（包括一些专业院校）普遍存在的现象。

都有好几场，但是这些多次向受众展示的，都是拼贴版传统曲目南音舞台演出。在此期间，最重要的引发南音传播的事件是申报“人类口头和非物质遗产代表作”以及参加相关的展演，参加中国南音年专题音乐会。可以说，2003年是泉州南音的大年，也是南音乐团传播南音的收获年。

2002年5月，泉州市政府向文化部、中国艺术研究院明确表明泉州南音申报联合国教科文组织“人类口头和非物质遗产代表作”的意愿。同年10月，泉州市政府正式向社会宣布了这一消息，启动申报程序，同时也带动了泉州南音乐团2003年一系列的传播活动。2003年2月14日，泉州市人民政府与中国音乐学院正式开始“2003泉州南音年”活动。2003年2月、3月间，荷兰著名汉学家施舟人和法国著名艺术家白尚仁应邀来到泉州，泉州南音乐团分别为之准备了两场南音专场演出。2003年10月27—29日，泉州南音乐团先后在中国音乐学院、中央音乐学院为北京的专家、学者、音乐学院师生及新闻界的朋友们举行了专场演出。2003年11月，泉州南音乐团赴法国参加“中法文化年”活动，这是中法两国互办文化年的项目之一，受到法国方面的热烈欢迎和中国驻法大使、中国驻教科文组织大使的高度赞赏。此外，2004年10月，他们还应巴黎中国文化中心邀请，组织了一台南音专场赴法国演出。[①]

轰轰烈烈的“南音年”，理应收到红红火火的传播效果。遗憾的是，因为传播策划和主体宣传的缘故，不论在泉州本地，还是在首都北京，都不同程度地造成了一些负面的影响。好似炎炎夏日中午的一阵雷雨，来得突然，去得很快。因为政府的努力推动，活动倒是给中国音乐学院的学生们留下了深刻的印象，以至于泉州成为一个他们继续采风的保留点。

从这些活动可以侧面地看到2003年前后泉州南音乐团在传播南音文化方面的辛劳，然而仅此却又不能令人满足，因为它毕竟是泉州政府供养的唯一的南音专业艺术表演团体。他们除了对传统南音的整理、录音出版、进学校教学方面的贡献之外，更应该体现政府意愿，在泉州民众的文

① 参见郑长铃、王珊《南音》，浙江人民出版社2006年版。

化生活需要上有所作为。

2. 中国泉州南音专题晚会及其他

在泉州南音乐团的展示中，有个尝试性的节目给笔者留下了深刻的印象，就是将传统拜师仪式修复、展示在舞台上，其中包含许多南音文化传承的信息。南音弦友拜师到底有没有仪式？仪式是怎么进行的？文献无载。参考同一区域文化中的相关文化表现形式的文献记载和专家研究结果，将南音文化的相关内容植入其中，可以说是对传统文化表现形式的一种修复尝试，更何况将其展示在舞台表演艺术之中。但遗憾的是，这种尝试在后来的节目展示中被砍掉了。

经过多次整编的中国泉州南音专题晚会，包括以下曲目：《霏霏飒飒》《玉箫》《年久月深》《走马》《望明月》《南音打击乐与梨园旦科》《山险峻》《梅花操》，除《南音打击乐与梨园旦科》从汉唐乐府舶来（做了一些改编）外，其余都是传统曲目。当然，我们可以很坦荡地说，在艺术创新方面，如果做不好，不能实现有益的艺术探索，还不如不弄，不如老实地守住自己的传统。但关键的问题是：你了解、掌握了多少传统？在那样的基础上，你又守住了多少你习得的传统？对于这场演出，有圈内人给了这样的评价：“这是一场一般意义上的重复传统的拼台演出，根据现代人观剧的习惯选择一些传统曲目进行编排、布置，遗憾的是没有把传统的意蕴表达出来，仅仅是模仿传统，铺排了传统的一些外在形态。”

泉州南音乐团认同南音是曲艺艺术，几年来编排了不少按曲艺艺术形式组合的舞台展示。而文化行政部门的官员却很尖锐地指出：“为了舞台节目的呈现，做些包装、舞台调度，穿上华丽的服装，再配合些小动作以吸引不明就里的受众的眼球，如果这样也算艺术探索的话，这个艺术团体存在的意义何在？”

这两种说法各有站位，各有侧重，代表了大家对南音文化的真挚情感与关注。笔者引录的目的是以此为思考的契机，用以凝聚南音文化传统传承传播的力量，实现传统南音文化的复兴，去真正实现当代南音文化传承传播的“再创造”，实现南音文化的再繁荣。

四、小结与问题的引申

（一）没有结论的小结

两岸南音乐团对南音表演艺术的探索，不管是在泉州还是在台湾的传统南音界，目前都还没有被完全接受。在一些传统南音弦友看来，南音就该是千百年来传承下来的样子，过多的修改会丧失传统南音的优点与特色，因此不应有太多的创新和变化。然而，非物质文化遗产毕竟是“活态”的，它存在于民众的生活之中，产生于特定的自然和社会文化环境中，并随着环境的改变而发展变化。随着时代的变迁、社会的发展，南音要想继续传承下去，“被不断地再创造”是不可避免的，也是其存续、发展所必需的。

南音表演艺术传承传播的种种新的探索，并非全都属于非物质文化遗产的“再创造”。非物质文化遗产的传承与“再创造”，不能只是纯粹的创新，借助新式媒介进行南音传播应把握其中的尺度。站在表演艺术的立场，汉唐乐府等南音乐社的作品可以说是对南音表演艺术的创新，虽然文化持有者、习得者的“再创造”可以是多样化的，但艺术探索与文化传承有着本质的区别。

一种新的探索，是否属于“再创造”，要看其是否符合作为非物质文化遗产的文化表现形式的发展道路与方向。南音表演艺术的创新，需要经过实践和时间的双重检验，得到南音界的广泛认同，融为南音这一文化表现形式的一部分并且得以长久地传承下来，才能称作是对南音文化的“再创造”，否则，便只能称作是探索和改造。如南音乐舞的探索，初时似乎取得了很好的效果，但如今的南音界却开始反思，南音乐舞这一形式对于南音本身的传承与传播是否真正产生了积极的作用，需要进行科学的评估。

目前，要走艺术创新之路或创新出基于南音文化且能吸引当代受众的新南音作品，各团颇有些费力，而与民间馆阁相比，有些团体则显出“高不成低不就”的颓势，换句话说，在传统的功底上，与民间馆阁中的弦友有相当的距离。造成这种局面，不仅因为“被养起来”的职业化，少了许多真实的文化习得和内心真切的感知，同时也因为职业化多了几分莫名的优越感，也就失去了不少融入民间再学习的机缘。

（二）问题的延伸——南音应该是什么

南音到底是什么？在艺术门类上，南音应该归于哪个门类？这里面有一个历史造成的解不开的疙瘩，在现实当中给人啼笑皆非的感觉。由于历史的原因，在中国文艺家联合会的系统中，南音被归入曲艺的类别。所以，南音弦友、南音艺术团体的艺术家们，需要加入曲艺家协会，而不是音乐家协会，当然也不是戏剧家协会或舞蹈家协会。

将南音归类到曲艺，仅仅是文艺界社团工作上的问题吗？根本的问题应该是文化认识上的问题。这种认识上的问题进而成为“集体无意识”，默认那种不明就里的归类。这种对自身社会身份（角色）的“无所谓”或“无奈接受”，恰恰反映出几十年来南音界在自身文化身份认同上存在的偏差。民间的南音弦友，或许不会太在乎这个问题，你将南音归到哪一类对他们影响不大；而对于职业的艺术家们，在不经意默认这个身份后，便在日久年深之中遗忘了真正的自我——丧失了南音弦友的文化特质。

其实，南音就是南音。诚如有学者研究得出的结论所言，南音是包容了乐、歌、诗、舞、弄的综合性的艺术，那是因为中国古代的礼乐、燕乐皆是综合体。历史上的表述一般都是礼乐并称，“乐”实际包含了诗、歌、舞、戏的一些内容，当然，乐是作为主体的。因此，在国务院公布的“国家级非物质文化遗产名录”当中，南音被归入传统音乐类，这是最新的定位，也是最合理、最符合客观存在的归类。所以，今天我们在新的历史时期来重新认识南音及其文化，应该让它回归本体，可以首先从“乐”的角度去把握它。但是，对南音的认识又不能仅限于此，如果仅仅从音乐的角度去把握它，那么南音当中的很多文化内涵就会受到当代艺术门类分类的界限的局限，而无法准确地表达描述。所以，还是那句话，南音就是南音。非物质文化遗产保护工作的开展，为把握南音及南音文化提供了更为明确、更为接近本体的平台，更为有效的观察视角和研究途径。

作为非物质文化遗产的研究者，笔者更愿意从文化遗产的角度把握南音这样的文化表现形式。因此，“南音文化”这一概念可能更好地涵盖了它的内涵和外延。广义的文化是人的行为的总和，传统的南音在一定的历史阶段，不是用于表演给受众欣赏，或者供受众娱乐的，而是一个文化持有者、习得者自身素养的体现。所以，笔者认为不应仅局限于在表演艺术这个层面去把握南音文化。

作为文化遗产，南音的表演特质在20世纪50年代以后得到了空前的强化。以至于形成了南音就是表演艺术的局限性的认知。乃至于一些专业团体的南音从业者，因为南音成为他的职业而错误地认为自己的南音文化修养是专业的，是高于民间的，以致他们常常看不起民间馆阁的南音文化持有者、习得者。实际上，从某个角度来讲，民间馆阁的南音文化持有者、习得者才是真正的南音文化传承的生力军。南音被仅仅作为表演艺术是矮化了南音，因为南音文化是一个广博精深的文化系统。诚如台湾著名音乐学家吕锤宽教授所言，从目前田野调查的资料来看，尽管经过了社会发展、文化变迁等诸多严峻的挑战，南音在当代民众生活中仍有非常广泛的遗存，在道教的科仪中、在民众的人生礼仪习俗和民间信仰中、在释教[①]的唱诵中、在传统的表演艺术中（如戏曲剧种）、在宫庙的祭祀当中，都有遗存和应用。所以，他认为南音是中国古代音乐在当代的存续。

综上所述，我们应该重新审视南音与南音文化这两个相依相偎的概念，通过更为深入的研究、系统的挖掘，给南音或南音文化更为准确的定位。同时借由非物质文化遗产保护所提供的崭新的视角和研究方法，从闽南人生产、生活方式和生命体验的层面去全面地把握南音文化。

南音文化的传承与传播，离不开南音的“再创造”。南音的传播包融

---

① 此处原作“佛教”，文章写作过程中征求吕教授的意见时，吕教授给予了悉心斧正，回函认为：“南管曲用于道教灵宝派的拜神类科仪，以及拔亡类科仪之吊唁亡者，释教仪式（一种乡化的佛教仪式）也大量使用南管曲或南曲，以吊唁亡者。释教仪式不能简化为佛教仪式，如称为佛教仪式，系由和尚主持仪式，释教仪式由并无剃度斋戒的仪式人员主持。”末学深以为是，很受教导，故引注于此并致真诚感谢！

在传承之中，指的是对南音文化资源的合理利用与探索，尤其是南音文化的创意。这种探索能够提高社会对南音文化的认识，增加公众对南音文化的兴趣与关注。这种探索在当下是探索，于长远来说也是一种传承。这些对南音表现形式、传播形式的探索经过时间的检验，被证明有较多受众从而被广泛接受，未必不能作为南音发展的时代趋势而成为南音传承的一部分。

虽说南音的“变”是历史的必然，但在这不可避免的改变之中，南音之所以为南音的根本特质，却似乎是不可以改变的。如古琴文化是古代文人的素养之一，那些习得古琴文化的谦谦君子从不以表演者的面目示人，因为古琴是道器，沐浴焚香弄七弦是天人对话和心灵交会的途径。有位热爱古琴文化的学者曾经说过一句玩笑的话：“古琴何时沦落为表演给人看的东西？”如此话语虽因饱含情绪显得有点糙，但却道出其中的一些道理。近代以来，虽然古琴也难免成为表演艺术，有些时候要表演给人看（听），但古琴文化不仅仅有表演艺术这点内涵，作为艺术形式的古琴表演不是古琴文化的全部，更不能以偏概全。南音也曾是泉南士绅庶民素养的象征，也有被矮化为表演艺术的遭遇。我们接受成为表演艺术的南音的现实，也不否认数十年来在这条道路上的探索发展，但我们期待正本清源，期待回到作为闽南人素养、闽南人的生活方式、闽南人生命的组成部分的层面全面认识、把握南音文化。我们现在没有经过系统的研究梳理，还不能完全确定南音习得者什么时候被冠以艺术家或者艺人的桂冠，或者是把这个桂冠又还给了他们。当然，这样说绝对没有贬低“艺术家”的意思，而是不愿意贬低了南音文化的价值，使它沦为仅仅是“表演给人听、看（娱乐）的东西”。

对于南音弦友来说，南音的意义远远超越了表演艺术本身。南音融于闽南人的生活和血脉之中。它虽源自古老的宫廷音乐[①]，但却成于民间，存于民间，是有民间性、自娱性的音乐，至少自明清以来，尤其是历代闽南人的生活方式的体现。不论是在小楼幽院还是在田间地头，处处可见南音的身影。南音已经融入泉州人的生命历程之中，成为其生活不可缺少的一部分。南音随着泉州人的步伐流播海外，就成为海外游子思乡的慰藉，成为自身认同需求的依托。南音的传承与传播，若脱离了南音赖以依存的生态环境，便丧失了最重要的精神内涵与生命力。南音文化传承传播中的诸多“再创造”，最终还是要回归到闽南人的生活之中，被广大南音人认同与接受。若仅仅作为表演艺术在剧场表演中呈现，对延续作为闽南人素养、闽南人生活方式、闽南人生命组成部分的南音文化的生命力，恐怕难以起到长远而深刻的促进作用。

一个文化表现形式为满足民众生活和时代发展的需要而“被不断地再创造”，不仅指它的形式和内容得到丰富，更重要的是其文化底蕴要得到深度修复、回归。在族群、村落、社区乃至更广阔的社会得到广泛的认同，甚至影响到族群文化、社区文化、区域文化的认同及其传承、传播，从这个意义上看，两岸南音文化传承传播中的“再创造”，要走的路还很长……

附录：汉唐乐府、心心南管乐坊、厦门南乐团、泉州南音乐团简介

1. 汉唐乐府简介

汉唐乐府，成立于1983年，是以南音乐曲为基础的古典乐舞剧团，由南管名家陈美娥及其兄长陈守俊创办于台北。陈美娥怀揣传承古乐、复

---

① 此处原作“宫廷燕乐”。吕教授认为：“如此的描述颇为确凿，迄今我获得的资料，基于今所见之南管曲目，仍未见来自唐或宋的宫廷音乐，我的论述都为乐器、乐律、乐曲体裁形式方面，故而我的描述仍采取模糊式，称：南管或南音为源于唐代的音乐。”为严谨起见，遂改之。

兴古乐、再生传播的理想[①]，致力于南音考证与研究，曾出版专著《中原古乐史初探》，执行《南管指谱大曲全集》录制计划，灌制的南管激光唱片屡获金鼎奖。

1983年，两岸尚未开放。趁着第二届国际南音研讨会在泉州召开的机缘，陈美娥来到了南音的故乡泉州，观摩了包括对其后来艺术创新、南音文化“再创造”影响极大的梨园戏在内的泉州传统民间文化表现形式。1986年，以“纯乐舞”形式呈现梨园戏的《陈三五娘·留伞》获得成功，开启了汉唐乐府以南音为“底”、以梨园舞蹈为“面”的艺术创新生涯。

相关资料显示：1995年，受泉州以南音曲牌为主的梨园戏舞台展示的启发，陈美娥创立梨园舞坊，“抽取梨园戏纤柔曼妙的身段科步与绵延幽雅的南管乐声，在现代剧场技术与观念的结合下，创发出意态妍雅的‘梨园乐舞’”[②]，先后创作了《艳歌行》、《丽人行》、《荔镜奇缘》、《梨园幽梦》、《韩熙载夜宴图》(以下简称《夜宴图》)、《洛神赋》等作品。结合本文所关注的传承传播中“再创造”的话题，笔者选择了其中的《艳歌行》《荔镜奇缘》《夜宴图》三部，进行分析讨论。

至于传播的作为，据相关文献记载，1986年，汉唐乐府赴美巡回演出，开启了其国际交流的历程。从1995到1998年，陈美娥率团历访美国、日本、韩国、中国大陆以及欧洲、大洋洲、东南亚等地，让更多人认识梨园乐舞和南音，为在国际舞台上推介中国艺术做出了一定贡献。

2. 心心南管乐坊简介

心心南管乐坊于2003年由王心心创办于台湾。王心心，1965年出生于福建泉州，4岁开始学习南管音乐，1984年，以术科第一名的成绩考入福建艺术学校的南管专科，师承南管名师庄步联、吴彦造、马香缎等名

① 参见陈守俊主编《绝代风华——汉唐乐府20周年回顾专辑(1983—2002)》，汉唐乐府2012年版。蔡欣欣对汉唐乐府的发展历程有“传统继承”“学术奠基”“传统再生”的描述，本文参考陈美娥接受媒体采访等资料。

② 蔡欣欣：《镕铸古典诗意与现代风姿的梨园乐舞》，载曾学文主编《海峡两岸民间艺术交流——金桥·2009海峡两岸民间艺术节论文集》，厦门大学出版社2010年版，第175—190页。

家，是20世纪80年代后泉州南音界培养出来的南音文化传承的新生代代表性人物。她曾任福建泉州南音乐团专职乐师、台北汉唐乐府南管古乐团音乐总监，1992年定居于台湾。作为汉唐乐府的音乐总监，王心心对汉唐乐府作品创作、人才培养等，理应起到过一定的作用。

王心心曾受邀参加法国亚维农艺术节、德国碧娜·鲍许国际舞蹈节、比利时法兰德斯艺术节、荷兰东亚之音等近百场演出。1995年，王心心荣获金鼎奖最佳演唱奖。2004年，王心心以《静夜思》获金曲奖最佳民族音乐专辑奖并入围最佳制作人。

心心南管乐坊成立之初，致力于南管与当代艺术、传统姊妹艺术的跨领域拼贴、合作。比如南音表演中融入现代舞表现手法的《胭脂扣》，与布袋木偶戏相结合的《陈三五娘》，将南管与昆曲融为一体的南管昆曲新唱《霓裳羽衣》等。2009年后，心心南管乐坊更多回归到南音本体，抛弃跨界的舞蹈、戏剧和服装展示后，回归简朴，并且将南管吟唱与中国古典诗词文学相结合，创作的作品有《葬花吟》《琵琶行》《声声慢》等。

为了促进南音的保存和推广，王心心曾与汉唐乐府合作录制了南管各曲牌大曲，及指、谱演奏音乐等有声出版品，后又自费出版了《南管锦曲选集》(1和2)。在南音传承方面，王心心改变传统南音教习方法，将唐诗谱上南管曲牌，作为初学者掌握南管唱曲的入门曲，可算是一个值得称赞的探索。此外，她还通过在各类艺术大学培养专业人才，在社区大学、自治团体等开办南音欣赏班、举办讲座等方式传播、推广、传承南音。

3. 厦门南乐团简介

厦门南乐团成立于1954年，其前身是厦门金凤南乐团，是厦门市唯一的南音表演专业团体。得益于首任团长纪经亩先生及白厚、任清水等名师的指导，厦门南乐团既恪遵前法，又勇于创新，独树一帜。在乐器演奏方面，特别注意乐师间的默契配合，巧于工细，脉络醒豁，节奏疏密有致，气韵饱满，音律精确；在唱腔方面，讲究字重韵轻、字正腔圆、以声带情、高雅古朴、蕴含丰富，是一个有坚实传统基础的南音传承机构。

厦门南乐团成立以来，在国内的舞台展示推介和国际的交流传播方面都有突出的贡献。20世纪50年代，以厦门南乐团为主的厦门南音代表队三次进京献演，厦门南乐团曾先后参加华东区民间音乐舞蹈会演、全国第一届音乐周、全国第一届民间音乐舞蹈会演、全国曲艺调演等演出。乐团还多次赴日本、新加坡、菲律宾等国家及中国的香港、台湾地区进行演出和艺术交流，得到很高评价。

厦门南乐团始终坚持走“继承和创新”并重的发展路线，注重南音的传承，在收集、整理、演唱、传授大量经典谱、指、曲目时，力创新格。从20世纪50年代始，《迎龙小唱》《北国风光》《蝶恋花·答李淑一》等新创南音曲目已成经典，南音器乐曲《闽海渔歌》被海内外南音界誉为“第十四大谱”。厦门南乐团先后挖掘、整理、表演了《陈三五娘》《王昭君》《白兔记》等大量的传统套曲，创作了《感谢公主》《南音魂》《长相思》《兵车行》等优秀曲目，校编了《厦门南乐指谱全集》，录制了《八骏马》《长相思》等高水准南乐专辑。2002年，以厦门南乐团为主创作与表演的南音乐舞《长恨歌》荣获中国文化部第十届“文华新剧目奖”、作曲奖和演奏奖。2011年，南音乐舞《情归何处》获第七届中国曲艺节优秀节目奖、第七届中国曲艺牡丹奖节目提名奖。

4. 泉州南音乐团简介

泉州南音乐团创办于1960年，是福建省重点艺术表演团体，也是泉州市唯一的南音表演专业团体。该团自建团以来人才辈出，涌现出众多艺术造诣高深的优秀南音艺术家，如马香缎、杨双英、黄淑英等，也是一个有坚实传统基础的南音传承机构。

20世纪70年代初，泉州南音乐团配合泉州南音研究社发掘、整理了大量的传统南音资料，汇编出版了《南音指谱大全》8集，散曲23集。近年来，泉州南音乐团及其成员参与整理出版了《泉州弦管名曲选编》《新谱式弦管曲选编》等曲集，参与编著了《泉州南音洞箫教程》《泉州南音二弦教程》《泉州南音演唱教程》《泉州南音琵琶教程》等高等师范院校南音专业教材，录制、出版了大量音像制品，为南音界弦友、广大南音爱好者提供了丰富的研究、演唱演奏资料。伴随着“南音进课堂”活动的开展，自 1993 年起，泉州南音乐团开始派其成员担任福建省艺术学校泉州南音班教师；泉州师范学院音乐与舞蹈学院成立南音系后，多名泉州南音乐团演奏、演唱的艺术家被聘任为该校的教师，有的还担任艺术硕士研究生导师。

为了配合相关的文艺赛事，泉州南音乐团也有不少艺术创新、探索活动，并屡次在全国及省、市的各种赛事中获奖。自 1981 年起，泉州南音乐团多次参与协办“泉州国际南音大会唱”活动。1982 年，乐团以南音说唱《桐江魂》参加全国（南方苏州片）曲艺调演，荣获创作、作曲、演员一等奖。1990 年，乐团创作、演出的《归来赋》参加全国曲艺大奖赛，荣获演员二等奖、乐队伴奏三等奖。1997 年，乐团创作的《情洒丝绸路》获文化部第七届“群星奖”优秀奖。2004 年，应巴黎中国文化中心邀请，泉州南音乐团赴法国举行南音专场演出，这也是本文选择讨论的“专场演出”。2005 年，乐团还新创了南音表演唱《生命的交融》并参加第五届中国曲艺节会演。

在传播和文化交流方面，乐团曾多次应邀到菲律宾、印度尼西亚、新加坡、马来西亚、日本、法国等国家及中国港澳台地区表演交流。在南音申报人类非物质文化遗产代表作期间，泉州南音乐团参加了国内外各种展示性演出，并参与申报文本的撰写以及申报片的录制，为南音的成功申报做了大量的工作。

“一带一路”视野下中华文化海外传承传播研究

——以南音在马来西亚的传承传播为例*

当前，在国家倡导发展“一带一路经济带”的契机下，国内及国外丝路沿线国家与地区积极行动起来，海上丝绸之路又一次成为世界瞩目的商贸经济与文化交流之路。从历史上看，海上丝绸之路不仅仅展现了中国古代时期与其他国家的经济交往活动，还展现了中国与海上丝绸之路沿途的国家之间的文化交流活动。南音作为闽南的代表性传统文化表现形式，也随着海上丝绸之路的经济交往和文化交流，从闽南一隅走出，走向了东南亚乃至更广阔的世界。南音在东南亚尤其是在马来西亚的传承和传播是“一带一路”视野下中华文化海外传承传播的典范，能为后人的研究提供重要的可供参考的案例。

---

* 本文与宁德师范学院讲师黄欣合著，原载于郑长铃、王珊主编《2016“一带一路”文化遗产国际学术研讨会论文集》，文化艺术出版社 2017 年版。

一、海上丝绸之路与南音研究相关文献综述

（一）研究概述

一直以来，海上丝绸之路研究都是国内外学者普遍关注的课题。早在20世纪30年代，我国学者冯承钧就著有《中国南洋交通史》，认为南海海路交通的开辟或早于西域陆路交通。1955年，季羡林在《中国蚕丝输入印度问题的初步研究》中提出，南海道为中国蚕丝输入印度的五条道路之一。日本学者三杉隆敏的《探索海上的丝绸之路》较为系统地研究了“海上丝绸之路”。1990年，联合国教科文组织发起了“海上丝绸之路”综合考察，极大地推动了海上丝绸之路的研究进程，《广州与海上丝绸之路》《南海丝绸之路文物图集》《中国与海上丝绸之路》《海上丝绸之路》等国内学者的研究论著相继出版，日本学者长泽和俊发表了《丝绸之路史研究》，法国学者施舟人发表《海上丝绸之路与南音》。

在海上丝绸之路的研究热潮下，一些学者将目光投向了南音文化在海外的传播和传承，吴远鹏《南音在南洋——东南亚南音发展概述》、罗天全《南音在海外的传播与发展》、龚佳阳《试论泉州南音对南洋华侨华人的社会作用及其海外传承》、林珀姬《“今古相证”话“南音”》等论著相继发表。

除南音文化的海外传承传播之外，南音文化的研究本身也经历了一个逐渐深入的过程。福建师范大学音乐学院教授王耀华于1988年、2014年先后发表《弦管研究的历史与现状》和《近25年来的南音研究及其展望》两篇文章，对从古至今的南音研究做了详细论述。

根据王耀华先生的论述，可将南音研究分为以下四个阶段。

1．1840年以前的古代南音研究

南音从无到有，由简到繁，曲目由少到多，伴随着南音艺术形成与发展的研究。

2．1840年到1949年的南音研究

引进西方音乐学观念，南音研究步入近现代阶段，具有考证学的引

进、分类法的探索、描述性乐学的出现等特点。主要著作有林霁秋《泉南指谱重编》、朱维之《泉南古曲在中国音乐上之地位》等。

3．1949 年到 20 世纪 80 年代的南音研究

大量专业音乐工作者投身南音乐学、南音史学理论研究。曲目搜集整理方面有泉州市南音研究社《南曲选集》《指谱大全》、晋江县文化馆《南音指谱大全》等。1981 年以来历届南音大会唱的举办，均能引发南音研究学术热潮。该阶段的主要学术成果有黄翔鹏《“弦管”题外谈》、李文章《梨园戏的综合管门及转调》、王爱群《从南音“滚门”之实探其渊源》等。

该阶段，台湾弦管研究队伍不断壮大，有许常惠主编，吕锤宽、何懿玲、张舜华撰稿的《鹿港南管音乐的调查与研究》，沈冬《南管音乐体制及历史初探》，王嘉宝《南管器乐曲的分析》等论著问世。台湾民俗艺术基金会主办的国际南管音乐会议对弦管研究颇有裨益。

东南亚福建华侨方面，在大量弦管曲集出版的同时，理论研究亦已开始。出版的主要曲集有刘鸿沟《闽南音乐指谱全集》，丁马成、卓圣翔《南管精华大全》，吴明辉《南管指谱全集》等。主要研究论文有彭松涛的《发扬南音》。

4．1989 年至今的南音研究

南音研究步入常态化、深入化、序列化。该阶段主要研究有孙星群《福建南音曲体结构 · 指》，吴少静、李寄萍《南音郎君文化现象新考察》，郑长铃、王珊《南音》等。南音系列化研究成果有泉州南音研究院编撰的《泉州南音集成》、泉州地方戏曲研究社编撰的《泉州传统戏曲丛书》等。

中国港澳台地区及海外南音方面的研究有亚太民族音乐学会会长权五圣《韩国的文人音乐——歌曲》，日本冲绳县御座乐复原研究会会长比嘉悦子《琉球王府中的中国系宫廷乐“御座乐”》等；中国台湾师范大学民族音乐学研究班《基隆闽南第一乐团之研究》等十多篇硕士论文，吕锤宽《泉州弦管（南管）指谱汇编》《台湾传统音乐概论》《弦管音乐》等。

黄念旭的《南音》是较为系统的南音研究专著，不但梳理了南音艺术

的历史，包括形成、发展、传播过程和名家，而且分别介绍了南音艺术的体系和形态、南音本体的艺术特色，如南音的指、谱、曲、管门、滚门、撩拍等，并在此基础上深入探讨了乐源、滚门和曲牌名三者之间的关系，同时还介绍了南音的声腔、乐器、表演形式及民俗活动等。

（二）本文的现实意义和实践价值

在上述研究成果的基础上，本文立足于国家文化发展战略的总体规划，依托于丝绸之路丰厚的文化底蕴及南音文化海外传播传承历史，具有重要的现实意义和实践价值。

首先，海上丝绸之路是古代中国与世界其他地区进行经济文化交流的海上通道，对人类文明发展产生了深远影响。被授予“东方文化之都”称号的泉州是联合国教科文组织目前唯一认定的海上丝绸之路的起点。

其次，南音是中国现存最古老的乐种之一，中原移民把音乐文化带入以泉州为中心的闽南地区，与当地民间音乐融合，形成了这种有中原古乐遗韵的文化表现形式。随着泉南人民的迁徙，南音传到中国港澳台地区及东南亚诸国，形成了一个南音文化圈。

因此，在中国与中亚共建“丝绸之路经济带”、与东盟共建“21 世纪海上丝绸之路”的大背景下，结合海上丝绸之路历史脉络，考察南音文化在海上丝绸之路沿线的传播传承及其与当地文化的交融，是从文化的角度为国家“新丝绸之路经济带”的战略提供理论与人文精神支持。

基于上述因素，研究南音的海外传承传播，在发展中国文化、使中国文化融入世界文化并使之成为世界文化方面，无疑具有十分重要的意义和价值。

二、个案选择

本文以南音在马来西亚的传承传播为例，考察“一带一路”视野下中华文化的海外传承传播。

在人类的发展过程中，任何的物质活动与文化形态从来都是密不可分、相辅相成的：物质活动产生文化形态，而文化形态又促进物质活动。丝绸之路所产生的文化影响要远远大于经济影响，随着海上丝绸之路的形成，当异域文化通过海上丝绸之路来到中国，对古老的中华文明进行补充、改造的同时，有着千年历史的中华民族文化也源源不断地通过海上丝绸之路传播到海外，伴随着中国丝绸、瓷器等商品中所附加的文化形态影响并改造着异域文化的形成与发展。

南海丝路是海上丝绸之路中历史最为悠久的路线之一。南海丝路因涉及地域广博、贸易量巨大和文化影响深远等因素，成为中国几千年对外交往的重要通路。而在南海丝路的三条商路（广州、泉州、宁波）中，自古就有“梯航万国”之称的泉州是西洋、南洋、东洋三路的物资交汇和集散之地，故此在海上丝绸之路中最为发达，占有重要的地位，成为吞吐港口之首。仅据南宋赵汝适《诸蕃志》一书记载，宋朝时期通过泉州与海外进行贸易的国家和地区总计 53 个，而到了元代汪大渊的《岛夷志略》中统计就达到了 98 个之多。这就使得泉州在元代的时候便成为东方的第一大港，它的进出口贸易额位于世界前列，即便是当时埃及的亚历山大港也无法与它匹敌。[①] 至明清时期，政府实行海禁和迁界政策，泉州人为了生计，冒禁远渡，侨居海外，形成了多次大规模移民热潮。

从泉州在海上丝绸之路的历史地位来看，它是中国通往海外的重要起点和吸纳海外商贸的驿站。在海上丝绸之路两千余年的发展中，以泉州为代表的闽南文化随着泉州人的脚步流播海外，在中华文化与西方文化的交织中日益彰显出独特的人文魅力和精神风貌。

南音是闽南最具代表性的文化表现形式之一。作为中国现存最古老的乐种之一，它是中原音乐与闽南当地音乐融合的中原古乐遗韵的文化表现形式，并在文化融合与语言同构的发展中逐渐形成了具有闽南地域独特人文精神的南音文化。南音在漫长的发展过程中，成为民间性、自娱性的音乐，可以说，南音已经贯穿在泉州人的生命历程中，只要在闽南人聚居的

---

① 参见张星烺编注，朱杰勤校订《中西交通史料汇编》第二册，中华书局 2003 年版。

地方，便能听到南音。南音随着泉州人的迁徙，流播到中国港澳台地区与东南亚诸国，形成了一个南音文化圈。

除了在闽南地区的泉州、漳州、厦门和中国港澳台地区以外，泉州南音还流播到菲律宾、印度尼西亚、新加坡、马来西亚、泰国、缅甸、越南等国家，成为海外侨胞和中国港澳台同胞世代珍视、竞相传唱的乡音。在众多国家和地区中，马来西亚作为海上丝绸之路的重要节点，有着独特的地位。依托南海丝绸之路，中马有着经济贸易、文化交往的悠久历史。考察南音在马来西亚传承传播的历史和现状，对研究“一带一路”视野下中华文化的海外传承传播，无疑有着极为重要的作用和意义。

三、海上丝绸之路视野中的马来西亚

丝绸之路作为古代横贯东西方的政治、经济、文化交流的生命大动脉，为亚欧之间的联通及发展做出了巨大的贡献。从历史时段及地域形态来看，丝绸之路又分为陆上丝绸之路与海上丝绸之路。当唐宋时期陆上丝绸之路“道路梗绝，往来不通”①而逐渐衰落的时候，海上丝绸之路却日益繁荣起来。

早在12世纪初，法国汉学研究学者沙畹（Edouard Chavannes）在《西突厥史料》中即认为“丝路有海、陆两道，北道出康居，南道为通印度诸港之海道”②。海上丝绸之路由陆上丝绸之路衍生而来，它是指以中国为起点的古代东方通过海运的形式，与西方（南亚、中亚、西亚）各个国家进行经济贸易所形成的交通路线。

从现有的研究来看，海上丝绸之路共有四条：一是从广州经由印度、西亚、非洲、欧洲等地往返的西洋道；二是以泉州为起点，经澎湖、琉

① 陆贽:《慰问四镇北庭将吏敕书》，载（清）董诰等编《全唐文》卷四六四，中华书局1983年版，第4738页。

② 姚楠:《海上丝绸之路与中外文化交流·序》，载陈炎《海上丝绸之路与中外文化交流》，北京大学出版社1996年版，第2页。

球、菲律宾至印度支那和南海各地的南洋道；三是从明州（宁波）至日本、朝鲜的东洋道；四是登州朝日道，这条海上丝绸之路与明州并行，是中国北方与朝鲜、日本经济贸易的交通要道，但因其非政治中心及战乱频发，故此并未在海上丝绸之路中占有太多地位。因此，在学界的共识中，海上丝绸之路又有“两海四道”之说，两海即南海与东海。南海丝路有广州、泉州、宁波三道；东海丝路则是以山东登州为起点的登州朝日道。

其中，南海丝路形成于秦汉时期，发展于三国、隋朝时期，繁盛于唐宋时期。在2世纪初期，罗马船只便通过印度洋驶抵南海，通过缅甸及该地区的掸国向汉朝进献“幻人”，其“自言我海西人，海西即大秦也”，因此《后汉书》中有“掸国西南通大秦”的记载[①]，“至桓帝延熹九年（166），大秦王安敦遣使自日南缴外献象牙、犀角、玳瑁，始乃一通焉”[②]。《汉书·地理志》中较为详细完整地记载了南海、印度洋航路的贸易。

> 自日南障塞、徐闻、合浦船行可五月，有都元国；又船行可四月，有邑卢没国；又船行可二十余日，有谌离国；步行可十余日，有夫甘都卢国。自夫甘都卢国船行可二月余，有黄支国，民俗略与珠厓相类。其州广大，户口多，多异物，自武帝以来皆献见。有译长，属黄门，与应募者俱入海市明珠、璧流离、奇石异物，赍黄金杂缯而往。所至国皆禀食为耦，蛮夷贾船，转送致之。亦利交易，剽杀人。又苦逢风波溺死，不者数年来还。大珠至围二寸以下。平帝元始中，王莽辅政，欲耀威德，厚遗黄支王，令遣使献生犀牛。自黄支船行可八月，到皮宗；船行可二月，到日南、象林界云。黄支之南，有已程不国，汉之译使自此还矣。[③]

---

① （南朝宋）范晔撰，（唐）李贤等注：《后汉书》卷八十六《南蛮西南夷列传》，中华书局1965年版，第2851页。

② （南朝宋）范晔撰，（唐）李贤等注：《后汉书》卷八十八《西域传》，中华书局1965年版，第2920页。

③ （汉）班固撰，（唐）颜师古注：《汉书》卷二十八下《地理志·第八下》，中华书局1962年版，第1671页。

《汉书·地理志》中记载的贸易路线中所列地名，学界尚有争论，可以确定的是，这条航线经过了东南亚的多数国家，其中就包括了马来半岛，也就是今天的马来西亚和印度尼西亚。[①] 在马来半岛的柔佛河流域考古发掘出的秦、汉陶器残片可作佐证。

到 5 世纪，马来半岛上的婆皇、甘陀利、丹丹等古国，都曾派遣使者到访中国。如《宋书》载："元嘉十九年（442）婆皇（故地在今马来半岛的彭亨州）国遣使献方物。"马来半岛地区的许多地名也曾多次出现在典籍当中，如唐代贾耽在《皇华四达记》中所记载的"广州通海夷道"就描述了马六甲海峡周边的地形和国家。

> 又两日行，到军突弄山（今越南昆仑岛）。又五日行，至海峡（今马六甲海峡），蕃人谓之"质"，南北百里，北岸则罗越国（今马来半岛南端），南岸则佛逝国（今印度尼西亚苏门答腊东南部）。[②]

15 世纪，南海丝绸之路的发展到达高峰。自永乐三年（1405）至宣德八年（1433）的 28 年间，郑和率众七下西洋。船队从西太平洋穿越印度洋，直达西亚和非洲东岸，途经众多东南亚国家。马来半岛上的满剌加（马六甲）则是重要的目的地和往返必经之地。

马六甲海峡是印度洋与太平洋之间的重要通道，也是当时东南亚的国际贸易中心。郑和下西洋期间，中国与满剌加建立了密切友好的关系。明永乐元年（1403）冬，明成祖派遣中官尹庆出使其国，赠送其酋长拜里迷苏剌礼物，并宣示威德及招徕之意。永乐七年（1409），郑和奉命带诏书诏封其酋长为满剌加国王，其国之西山为镇国之山，以为经营西洋之中转站。其后，满剌加国多次遣使来华，仅《明史》中就记载有 22 次。

由此可见，中国与马来西亚的经贸文化交流有着数千年历史。19 世纪

① 参见朱杰勤《汉代中国与东南亚和南亚海上交通路线试探》，载《中外关系史论文集》，河南人民出版社 1984 年版。

② 孙光圻：《中国古代航海史》，海洋出版社 2005 年版，第 244 页。

末20世纪初，“来自东南亚各殖民宗主国的工商资本纷纷涌入东南亚，投资于铁路、港口、电力、航运、制造业、金融业等，引发对熟练劳动力的需求”[1]，大量中国劳工南下东南亚，中国与马来西亚的经济贸易文化交流持续加深。

四、中华传统文化在马来西亚的传承传播概况

马来西亚是中华文化在东南亚传承传播的重要场域。马六甲特殊的地理位置使其成为南海丝路中重要的交通枢纽，大量货物在这里中转，吸引中国商人至此开展商贸活动，形成了早期的华人社区。

中马之间的经贸文化交流，奉行着和平友好的原则。中国商人获当地人礼遇的事件在历史文献中颇有记载。如南宋《诸蕃志》记载：

> （商船）抵岸三日，其王与眷属率大人（王之左右曰大人）到船问劳。船人用锦藉跳板迎肃，款以酒礼，用金银器皿、禄席、凉伞等分献有差。既泊舟登岸，皆未及博易之事。商贾日以中国饮食献其王，故舟往佛（渤泥）者必挟善庖者一二辈与俱。朔望并讲贺礼。几月余方请其王与大人论定物价。价定然后鸣鼓以召远近之人，听其贸易。价未定而私贸者罚。[2]

元代《岛夷志略》中也有“（渤泥国人）尤敬爱唐人，醉也扶之以归歇处”的记录。可见当年中马之间的友好关系。

根据《马来纪年》和《杭·杜亚传》等当地文献记载，当时的华裔与当地民众和谐相处，受到当地人的尊重，政府也为中国商人在此生活、经商创造了宽松、和平的环境。15世纪初期，随着郑和七下西洋，中马文

---

① 庄国土：《论中国人移民东南亚的四次大潮》，《南洋问题研究》2008年第1期。

② （宋）赵汝适原著，杨博文校释：《诸蕃志校释》，中华书局1996年版，第136页。

化交流达到高峰。东南亚的"峇峇娘惹"，又称土生华人，便是当时定居在满剌加（马六甲）、满者伯夷国（印度尼西亚）和室利佛逝国（新加坡）一带的华人与马来人通婚的后裔。相关资料显示，1895 年至 1927 年间，迁入马来西亚的中国人超过 600 万。① 至 1957 年马来西亚独立建国时，华人人口已达 233 万人，占当时居民总数的 37.1%。②

在旅居当地的华人中，有不少人是浸染在中华文明的传统教育中成长的，有着极高的汉文化素养，他们将中华文化传授给留居地的民众。一个又一个华侨聚集地的形成，使中国文化在马来西亚扎根播种，使马来西亚成为中国文化对外传播的重要基点。

在历代两国人民的友好交流之下，中华文化在马来西亚地区传承传播，对马来西亚产生了广泛的影响，几乎遍及物质文化、精神文化和制度文化的各个领域。

（一）物质文化方面

一般认为，物质文化是满足人类生活和生存需要所创造的物质产品及其所表现的文化，它包括服饰文化、饮食文化、居住文化、交通文化等。在数千年的经贸文化交流之中，中华民族文化源源不断地通过海上丝绸之路传播到马来西亚，伴随着中国丝绸、瓷器等商品中所附加的文化形态影响并改造着异域文化的形成与发展，对马来西亚物质文化的发展产生了深远影响。

早在东吴时期，孙权就特别派遣使节康泰、朱应从海路出访扶南和南海诸国，即我国历史上著名的"南宣国化"，这也是中国首次派遣使节通过海上丝绸之路加强对外的政治、经济、文化联系。康泰、朱应出使南海诸国多年，归国后写了《吴时外国传》和《扶南异物志》等书籍，详细记

---

① Choo Keng Kun, "Masyarakat Majmuk Semenanjung Malaysia: Evolusi Sejarah" , in: Zuraina Majid ed., *Masyarakat Malaysia: Tinjauan dan Perbincangan terhadap Beberapa Isu dan Topik Semasa*, Penang: Penerbit Universiti Sains Malaysia, 1985, p. 56.

② Fuziah Shaffie, Ruslan Zainuddin, *Sejarah Malaysia*, Shah Alam: Penerbit Fajar Bakti Sdn. Bhd., 2000, p. 269.

述了南海各个国家的政治、经济、文化等方面的情况。这些著作虽然大部分都已散佚，但还有相当部分保存于《水经注》《太平御览》和《通典》等著作中。扶南作为当时的南海大国，其范围已经包括了今日的泰国、缅甸和马来半岛等地区，其位置处于东西海上交通要冲。

《梁书》中记载：“吴时，遣中郎康泰、宣化从事朱应使于寻国（扶南国王范寻），国人犹裸，唯妇女著贯头。泰、应谓曰：‘国中实佳，但人亵露可怪耳。’寻始令国内男子著横幅。横幅，今干漫（筒裙）也。大家乃截锦为之，贫者乃用布。”[①] 可见马来西亚的服饰文化受到中国的影响。

在峇峇娘惹文化中，也能明显看出中国文化的痕迹，如娘惹一直保持着成年女子束发、儿童梳成总角的风俗，这是明代文化在当地的遗存。又如农业方面，越南、缅甸、马来西亚等诸多东南亚国家的耕作方法受中国影响，农具的运用方法、耕牛的使用方法、许多蔬果品种均由中国引进。马来西亚人还将中药与当地草药结合使用，形成了具有当地特色的医药体系。

（二）制度文化方面

制度文化也称社会文化，是反映个人与他人、个体与群体之间的关系。这种关系表现为各种各样的制度，如政治、经济、教育、军事、法律、婚姻制度等。

永乐七年（1409），郑和奉命带诏书诏封其酋长为满剌加国王，其国之西山为镇国之山。之后，明代政府在今天的印度尼西亚境内设立了旧港宣慰司，开始对今天的马来西亚、新加坡、印度尼西亚西部等地区进行统治。满剌加、苏门答腊作为与旧港宣慰司相配的御封军镇，建立城栅、仓库。

跟随郑和下西洋的巩珍在《西洋番国志·满剌加国》中记载：

> 中国下西洋舡（船）以此为外府，立摆栅墙垣，设四门更鼓楼。

① （唐）姚思廉撰：《梁书》卷五十四列传第四十八《诸夷》，中华书局 1973 年版，第 789 页。

> 内又立重城，盖造库藏完备。大䑸宝船已往占城、爪哇等国，并先䑸暹罗等国回还船只，俱于此国海滨驻泊，一应钱粮皆入库内存贮。各舡并聚，又分䑸次前后诸番买卖以后，忽鲁谟斯等各国事毕回时，其小邦去而回者，先后迟早不过五七日俱各到齐。将各国诸色钱粮通行打点，装封艚，停候五月中风信已顺，结䑸回还。①

可以说，满剌加国的建立与发展，离不开明朝的支持。“然而，16 世纪初葡萄牙殖民者侵入东南亚，占领了满剌加，导致东南亚国际形势发生剧变，从根本上动摇了以‘朝贡’制度为基础的‘华夷秩序’。面对这一空前的变局，明朝最高统治者愚昧无知，不了解世界大势，作出不合时宜的反应与决策；加之明朝国力式微，缺乏坚强的实力作后盾，在对葡交涉中软弱无力，其结果只能是坐视满剌加的灭亡，从此我国丧失了在东南亚原有的地位，东南亚逐步沦为西方的势力范围。”②

近代以来，由于马来西亚族群组成的多元化，加之英国的殖民统治，马来西亚在制度文化方面受中华文化影响较小。

（三）精神文化方面

旅居马来西亚的华侨在中华文明的传统教育中成长，也将中国的文化典籍、技术知识传授给了当地民众。他们的生活方式、思维方式、价值取向、精神信仰等，都对马来西亚产生了深远的影响。

在马来西亚华人中，闽粤两省人士占极大比重。闽南文化随着闽南华侨的脚步流播到了马来西亚，与当地文化相结合，在此生根发芽。以语言为例，语言是文化的重要载体，据有关学者考证，在马来语中使用的汉语词汇有 1200 多个，其中闽南方言的借词就占了约 90%。③可见闽南文化对当地的影响。近代以来，这些旅居海外的华人通过创办华文刊物、成立华文学校、组建华人社团等方式，有意识地发展和弘扬中华文化，将中国的

---

① （明）巩珍著，向达校注：《西洋番国志》，中华书局 1961 年版，第 16—17 页。

② 廖大珂：《满剌加的陷落与中葡交涉》，《南洋问题研究》2003 年第 3 期。

③ 孔远志：《马来语中的汉语借词》，《语言、地理和人类学皇家学院学报》1987 年第 4 期。

传统习俗、文学作品、音乐戏曲等引入马来西亚并且发扬光大。

1. 生活习俗和宗教信仰

马来西亚的生活习俗和宗教信仰等受中国文化影响很深。以马来西亚西北部的槟榔屿为例，据当地民间传说，从1786年开埠之后，中国闽粤两省人最先到达该地。当地民间信仰中的“本头公”“大伯公”即闽南人对土地公尊称的特殊口语。①

华人还将中国的传统节日、社会风俗带到了马来西亚。今天，马来西亚政府将中国的传统节日设为假日，当地民众通过各种特殊的节日仪式和活动欢度中国佳节，并且将中国的传统节日与地方文化相结合。如每年端午节，当地华人都会吃粽子、赛龙舟。马来西亚的粽子富有地方特色，有娘惹粽、鲍翅粽、海南粽等，其中娘惹粽将虾米、辣椒、肉馅烹煮在一起，并加入多种香料，口味酸甜香辣，极具南洋风味。

2. 文学作品

19世纪末至20世纪的华人移民将中国的诗歌、小说、散文等文学作品传播到马来西亚。

19世纪末，福建永泰人力钧医术精湛，曾奉召入宫为慈禧治病，他游历新马一带，于时任中国驻新加坡领事官左秉隆处得知“槟城多诗人”，便赴槟城与时下诗人名士唱酬往来。其著作《槟榔屿志略》中收录了不少当地诗人的诗作，如吴春程《吴春程骈文钞》、林载阳《槟城竹枝词》等，诗作可谓相当丰富。②

在马来西亚民间流传的中国口头文学主要有“讲古”和“过番歌”两种形式。“讲古”“过番”都是闽南方言。“讲古”即说书、讲故事，用闽南语对小说或民间故事进行再创作和表演；“过番”即出国、出洋，“过番歌”是流传于闽南、中国台湾及东南亚华人社区的一部闽南方言长篇说唱

① 参见张少宽《南溟脞谈——槟榔屿华人史随笔新集》，南洋田野研究室2007年版，第159—163页。

② 参见张少宽《南溟脞谈——槟榔屿华人史随笔新集》，南洋田野研究室2007年版，第113—115页。

诗，讲述漂泊海外的孤独与辛酸。

在中国古代典籍的翻译方面，峇峇娘惹族群做出了突出贡献。自19世纪末起，他们将《三国演义》《水浒传》《西游记》等大批中国古典小说翻译成马来语。[①]遗憾的是，部分翻译作品已散佚，流传至今的仅有几十部，其中通俗小说占大多数。20世纪后半叶，陆续又有《梁山伯与祝英台》《中国古典诗词选》《孙子兵法》《三国演义》《大学·中庸》《道德经》《聊斋故事选》等典籍被翻译出版。

3. 音乐、戏曲等传统文化表现形式

远渡重洋的中国人将家乡的生产生活方式带到了东南亚地区。在异国他乡艰难创业时，一首家乡的曲调、一出熟悉的戏曲，抚慰了游子孤苦无依的心灵，缓解了对故土的思念，也为忙碌的生活增添了色彩。华人群体的发展壮大，为中国传统音乐、戏曲等在马来西亚的传承和传播提供了充足的土壤。高甲戏、粤剧、闽剧、京剧、歌仔戏、莆仙戏、布袋戏、木偶戏、皮影戏等众多剧种在马来西亚落地生根，南音等传统音乐在南洋的街巷中不断响起。

以槟榔屿为例，100多年前，槟榔屿市区内就有三十几间戏台。据当地族老说，当时这些戏台多聘请香港等地的粤剧“大锣鼓”演出，有时也邀请福建班或京剧班表演。

这些传统文化表现形式既丰富了华人的精神文化生活，也维系着他们对中华文化的认同，增进着海外华人的凝聚力。人在他乡，谋生不易，华人们组建起了各种社团，相互帮扶。这些社团成为中国传统音乐、戏曲在马来西亚传承传播的重要载体。大凡举办南音社、戏剧社演出，进行各种集体活动，大多由会馆、社团牵头。

① 参见莫嘉丽《中国传统文学在新马的传播——兼论土生华人的作用》，《华侨华人历史研究》2001年第3期。

五、南音文化在马来西亚的流布及现状调查

（一）南音文化释义

笔者认为，从狭义的角度而言，南音文化是一种技艺持有者、习得者和享用者的生活方式和生命体验过程，包括所有南音持有者、习得者、享用者所共有的语言、传统、习惯和规制，有激励作用的思想、信仰和价值，以及它们在物质工具和制造物中的体现。

广义来说，南音文化作为中华民族文化系统中的一个子系统，涵盖了闽南地域历史衍生发展过程积淀下来的诸多层积及其相关的文化空间与物件，在这个地域中，南音文化所积淀形成的习俗仪轨、规约制度、价值认同、精神信仰俨然已经成为人们精神生活中不可或缺的文化传统。

（二）南音在马来西亚的传承传播情况

随着闽南移民到达中国台湾、香港地区及东南亚诸国，南音也随之流播到这些地方，逐渐形成了一个南音文化圈。在南音文化圈中，大大小小的南音馆阁作为南音存续的载体，数百年来持续不断地延续着南音文化的命脉。如中国台湾的闽南乐府、中华南管研究社、鹿港聚英社，香港的福建体育会，澳门的南音社，菲律宾马尼拉的长和郎君社，新加坡的湘灵音乐社等，馆阁中的轻弹曼唱，联结着绵绵中华情愫。

1. 南音在马来西亚传承传播的历史

18 世纪起，大批泉州人移居到今天的马来西亚一带，至 1921 年，马来西亚的泉籍华侨已达 34 万人。南音作为闽南人生活中不可割舍的一部分，作为闽南人的一种生活方式，伴随着闽南人的乡情、相思也千里万里地漂洋过海，来到了马来西亚这片土地。

马来西亚最早的南音社，相传为吡叻（霹雳）太平仁和公所。太平仁和公所创立于清光绪年间 1887 年前后。因成员多来自晋江东石镇，而东石镇古称"仁和里"，故称"仁和公所"。据传仁和公所时常举行南音演奏、演唱活动，在马来西亚享有极高声誉。

1890 年，巴生雪兰莪永春公所（又称巴生永春会馆）也成立了南乐

组，至20世纪30年代，马六甲同安金厦会馆（1931）、沁兰阁、云林阁、马来西亚渔业公会音乐组、太平锦和轩（1945）、安顺福顺宫（1950）等相继成立。此后，又有一大批南音社团陆续涌现，如吉兰丹仁和南乐社（1960）、吡叻（霹雳）太平仁爱音乐社（1964）、新文龙永春会馆（1978）、马六甲桃源俱乐部、雪兰莪适耕庄云霄南音社、巴生雪兰莪同安会馆南管音乐组（1978）、巴生螺阳音乐社、巴生浯声协进社、江沙艺群音乐社、江沙仁和公所、班达马兰新韵音乐社、峇株巴辖南乐社、马六甲晋江会馆、马六甲兴安会馆、怡保福建会馆、峇都牙也福建会馆等。①

这些南乐社分布在马来西亚各地，聚集了一大批热衷南音的闽南人，是南音传承传播的基站。人们在南音社团中开展南音的演奏、交流活动，切磋技艺，培养新人。一些南音社还录制南音唱片，发行相关特刊，发表研究文章。这些乐社的活动将南音这门古老的文化表现形式介绍给了当地民众，推广到更多的地区，对南音在马来西亚的传承和传播起到了极为重要的作用。

1980年3月，马来西亚福建社团联合会成立南音小组，筹划承办东南亚南乐大会奏，由拿督杨朝长任主任。南音小组筹划从马六甲同安金厦会馆南乐组着手培养一批南音好手，并和桃源俱乐部合作，在马来西亚国营电台播放南音歌曲。一时间，马来西亚南音界群贤毕至，热闹非凡。②

1981年8月，马来西亚福建社团联合会文化部南乐团正式成立，并在首都吉隆坡成功举办了第三届东南亚南乐大会奏。香港福建体育会南乐队，台湾闽南第一乐团、南声国乐社、鹿港聚英社，印度尼西亚南乐研究社，菲律宾、新加坡的南音社团等参加了这次大会奏。参加这次活动的马来西亚南音社团有马六甲同安金厦会馆南乐组、巴生雪兰莪永春公所南乐组、巴生雪兰莪同安会馆南管音乐组、雪兰莪适耕庄云霄南音社、太平仁

---

① 参见［马来西亚］瓜雪暨沙白县福建会馆《瓜雪暨沙白县福建会馆南音乐团成立五周年及马来西亚国际南音汇演特刊》，2011年7月。

② 参见［马来西亚］瓜雪暨沙白县福建会馆《瓜雪暨沙白县福建会馆南音乐团成立五周年及马来西亚国际南音汇演特刊》，2011年7月。

爱音乐社、吉兰丹仁和南乐社等。① 此次活动极大地提高了马来西亚在南音文化圈的地位。

遗憾的是，20 世纪 80 年代以后，随着马来西亚经济的快速发展，流播到当地的中华传统文化受到了极大的冲击，包括南音文化在内的传统文化在马来西亚华侨尤其是年轻人中的认同感在逐渐衰减。马来西亚南音盛况不复，几十个由会馆成立的南音团，仍然活跃的寥寥无几。所幸，仍有许多关心南音、热爱南音的马来西亚华侨在不断坚持，他们默默守护着南音的火种，为南音在马来西亚的重新崛起提供了可能。

2. 从失落的槟城谈起

槟城是马来西亚华人较早开发的城市之一，也是马来西亚华人较多的城市之一。随着华人的到来，一座座华人会馆也随之成立，成为华人在海外的据点和精神寄托，直至其成为中华文化传播的空间。成立于 1919 年的槟榔屿晋江会馆就是其中之一。

其实早在晋江会馆成立之前，就已有不少晋江人在当地各社会层面积极开展活动。如孙中山的革命事业，以及在教育、书刊报业等领域，以王问渠、黄回澜、吴裕再、刘惟明、郭燕声、黄乃武、王子珊、倪祖泽等为表率的晋江人在其中做出了不少的贡献。

至于闽南人是从什么时候来槟榔屿的，南音是从什么时候被闽南人带到槟榔屿的，现都已无法考证。但笔者相信，槟榔屿自 1786 年开埠以后（时值清乾隆年间），便已有闽南人到此谋生，南音也随之传入。19 世纪以前，不少华人背井离乡，南下谋生，到南洋落脚并解决了生计问题以后，便开始了对故国和亲人的无限思念。当时并没有像今天一样发达的通信技术，因此，这种思念只能借“乡音”寄托。

笔者在槟城田野考察期间，曾拜访槟榔屿晋江会馆杨玉箴先生。杨先生向笔者介绍自己的阿公（闽南话祖父）是在 20 世纪从中国来到马来西

① 参见［马来西亚］瓜雪暨沙白县福建会馆《瓜雪暨沙白县福建会馆南音乐团成立五周年及马来西亚国际南音汇演特刊》，2011 年 7 月。

亚的，当时并没有直接来到槟城，而是在吡叻（霹雳）州的怡保市谋生。因为杨先生祖父是一名不折不扣的琵琶高手，后来便带着南音琵琶到槟城发展。当时的槟城因为经济发达，吸引了大量周边州市的富商来此生活，而这些富商们有一个共同的爱好——玩南音。因为杨先生祖父拥有高超的琵琶弹奏技艺，他不但很快融入当地的上流圈子，还谋得了不错的工作，同时，他的家也逐渐成了闽侨们的新“据点”，门庭若市。但遗憾的是，这样的场景如今在槟城早已经看不到了，只能通过老人的回忆去感受。这其中的原因既有马来西亚当局对华人的压制政策，也有马来西亚华二代、华三代等受当地文化影响而对中华文化的轻视甚至漠不关心。尽管那些老华侨们的内心深处依然深爱着南音，但是在当地的华人群体中，流行歌曲早已成为主流。

所以，笔者在田野考察期间，只了解到，在吉隆坡举行的第三届东南亚南音大会奏，分别于 1981 年 8 月 11 日、12 日及 13 日在马六甲、太平及槟城举办了巡回演奏。

3. 艰难前行的太平音乐社

太平市是与南音最早结缘的马来西亚城市。吡叻（霹雳）太平仁和公所是马来西亚最早的南音社团，揭开了南音在马来西亚传承传播的序幕，正是在其影响下，马来西亚各地兴起了数十个南音社团。遗憾的是，该社团至 20 世纪已销声匿迹。

所幸，南音在该地后继有人——1964 年，太平仁爱音乐社成立了。

马来西亚独立初期，太平市人口以晋江人居多。为团结同乡，深化感情，发挥守望相助的精神，1963 年，蔡世托乡贤及数位热心同乡奔波筹组乡会，终于在 1964 年元旦成立了太平仁爱音乐社。蔡世托任首届社长，蔡尤河任总务。太平仁爱音乐社的创会主旨是：团聚晋江同乡，共同举办发扬传统南音乐曲及戏剧的活动。

音乐社在成立之初获得了多位对南音乐曲、戏剧艺术颇具造诣的先贤的支持。在他们的声援及指导下，社团规模日渐壮大。社员们积极投入南音技艺的研习行列，开展南音培训，培养出了一批极具技艺水平的剧艺与南乐组成员。音乐社的代表曲目有《桃花搭渡》《秦香莲》《胭脂记》《陈三五娘》《金枝玉叶》《雪梅教子》《管甫送》《扫秦》《笋江波》等。

音乐社成立适逢当年马来西亚国庆日庆典，乐社应邀代表太平市华人社团在太平湖畔国庆游艺晚会上表演南音节目，精彩的表演获得观众的热烈称赞，也奠定了太平仁爱音乐社在华人社区文化领域中的地位，强化了乐社成员在当地重播南乐的信念。此后的十余年间，乐社应邀到新加坡及马来西亚的吉兰丹、槟城、霹雳州等地义演30余次，演出协助筹获善款达数十万令吉，享誉新加坡、马来西亚等地，掀起了一片学习南音文化的热潮。1979年，太平仁爱音乐社成立十五周年，组织举办了第一届东南亚晋江同乡联谊大会，庆典当日汇聚东南亚各国晋邑乡绅、社会贤达，一时传为美谈。

乐社全盛时期，有戏剧演员20余位、音乐演员10余位、义务舞台工作人员10余位，乐器齐备，阵容浩大。

如今，太平仁爱音乐社已历经50多个春秋，随着时代变迁、社情转易，当年的盛况已不复存在。当地的年轻一辈华人缺乏乡土情怀，对中华文化的认同度逐渐减低，与南音难有共鸣，乐社成员呈现老龄化趋势。

目前，仁爱音乐社南音戏剧组已经是北马来西亚硕果仅存的南音乐社，仅存约10位组员，在艰难中前行。为力挽狂澜，推动南音文化的传承和传播，乐社社长蔡海瑞、总务黄奇发及财政陈启全带领着团队，在坚持创社宗旨的前提下，努力探寻重振乐社、发扬南音文化的方法。乐社顺应社会发展的需求，不断自我调整，创立了卡拉OK歌唱班，伺机尝试培育年轻接班人。乐社还鼓励对南音有兴趣的、不同籍贯男女及华乐团毕业生加入，并引导他们了解泉州南音，学习、传承及发扬南音。目前，仁爱音乐社南音戏剧组组织社员在每月第一和第三个周四练习南音。戏剧组原本有咏唱南音、乐器演奏和戏剧表演等活动，因戏剧表演需要较多人手，故而现阶段戏剧组的活动只以南音演唱和乐器演奏为主。

在50多年的岁月中，仁爱音乐社经历了风雨崎岖，仍坚持着传播南音文化、传承传统乡情的信念。社员们相信：随着中华民族的崛起与中华文化的普及，冬季之终是春之始，南音锦曲在太平一定会有发扬光大的一天。

太平仁爱音乐社南音戏剧组职员名单（2016—2018）如下：

顾问：拿督蔡海瑞、蔡天生 PJK、黄奇发、黄重庆、蔡长源、陈启全
指导：蔡秀音、蔡长荣、吴再花、黄英杰
主任：许隆基 PJK
副主任：蔡长荣、黄锦泉、黄福发
秘书：吴桂月
副秘书：李玉英
委员：蔡文全、黄锦川、黄静思、洪明星、李燕凰、陈秀碹、周燕玉、蔡长吉、杨素霞、黄启友、许宝玉、黄锦良、蔡红珠、陈启章
乐器 / 道具 / 管理：吴桂月、李玉英、蔡长荣

4. 富有生气的巴生、沙白南音社团

（1）巴生南音传承发展的历史

巴生是马来西亚雪兰莪州的皇城，也是马来西亚的第一大港。18 世纪以来，众多华人渡海南下，或直接乘船抵达巴生，或先到达马来西亚各地，再从内陆迁居到巴生。大部分到达巴生的华人从事的是底层的体力劳动，在橡胶园或码头讨生活。而这些华人中，又以福建人占大多数，因此，闽南话成为当地流行的方言之一。到 1921 年时，巴生的福建人已经接近 9000 人，他们扎根巴生后，用勤劳的汗水开创新生活，并且为当地的教育、文化、民生等做出了不俗的贡献。

虽然身在他乡，但巴生的闽南人仍记得自己的根在中国，他们将自己的信仰、习俗、文化等带到了巴生，并且用自己的努力，将家乡的文化发扬光大。他们组成了各种华人社团，团结一致，共担风雨；他们带去了自

己的信仰，在异国他乡筑起精神的港湾；他们还组建了许多南音社、戏剧社，在熟悉的曲调中建立起联系感情的平台，也维系着对自身传统文化的认同。

南音在巴生已有一百多年的历史。1890 年，巴生雪兰莪永春公所成立了南乐组，是巴生最早的南音社团。20 世纪 70 年代后，巴生雪兰莪同安会馆南管音乐组、巴生螺阳音乐社、巴生浯声协进社等南音乐社也相继成立，巴生南音进入了传承发展的繁荣时期。

巴生雪兰莪同安会馆是巴生的福建同安人为了增强联系、凝聚力量而建立的组织，成立于 20 世纪 70 年代。会馆中南管音乐组的设立是同安会馆区别于当地其他华人社团的特色。在会馆成立的几十年间，成员们为南音在巴生的传承奉献出了极大的力量。

巴生同安会馆南管音乐组最初由当地黄梨厂的同安工人在 1978 年组建，2005 年，由于资金不足等原因停办。南管音乐组虽然停办了，但巴生同安人传承南音的信念不曾熄灭。终于，在同安华人的不断倡议和共同努力下，2009 年，巴生同安会馆南管音乐组得以重新组建。目前，南管音乐组有会员 20 多人，他们怀着对南音的深厚感情，以及传承发展南音的责任，积极地开展南音表演、培训、研究等活动，涌现出了以南音才女林素梅为代表的一批关心南音发展、致力于南音传承的优秀南音人。

（2）沙白南音传承发展的历史

沙白南音传承发展的历史对于研究南音在马来西亚的传承和传播有着十分重要的意义。沙白云霄南音社和福建会馆南乐团的兴衰与发展，是泉州南音海外流播的典型案例。

沙白县适耕庄，地处马来西亚雪兰莪州北端。20 世纪 90 年代，这里还是一个刚开辟不久的村庄。居民过着日出而作、日落而息的朴实生活，文化娱乐活动十分匮乏。为丰富生活，休闲娱乐，当地的一些闽南华侨集资创办了名为“云霄南音社”的南音乐社，利用工余的时间，就这样玩起南音来了。随着古朴优雅的曲调在村庄缓缓升起，他们便仿佛回到了故乡的那个小城，那条窄巷，那座梦中的红砖瓦房，在忙碌的生活中获得片刻的宁静。

音乐是没有国界的，即使语言不通，仍然能陶冶人性，引起共鸣。三十几位沙白的年轻女性，在长期的耳濡目染之下，也渐渐地爱上了南音，甚至开始学习南音。在云霄南音社几位技艺高超的南音前辈的熏陶之下，她们不但最终学会了南音演唱，还精于南音乐器的弹奏。遗憾的是，好景不长，几年之后，云霄南音社因资金不足难以维持，只好宣告解散。

到了 2006 年，陈观福担任瓜雪暨沙白县福建会馆会长时，有理事提议把停顿 40 年的南音恢复起来。经过理事筹划，在会馆的资助下，福建会馆南乐团终于在 2006 年 7 月 14 日成立了[①]，中断多年的南音重新在沙白县响起了。

南乐团成立之后，致力于培养年少的南音爱好者。值得注意的是，目前南乐团中负责教导南音的几位祖母级的导师，正是当年学习南音的几位沙白年轻女子。闽南人把南音带到了沙白，把南音传播到当地民众之中，而这些当地民众，又成为沙白南音传承延续的重要支柱，令人不禁感叹命运的神奇，也惊叹于南音强大的吸引力和生命力。

目前，沙白福建会馆南乐团已经培养出了一批青少年南音爱好者，乐团还曾受邀到福建泉州、中国台湾等地和印度尼西亚、新加坡等国家演出。2011 年，福建会馆南乐团成立五周年时，为增进不同地区南音弦友间的交流、提升社会对南音的认识、承担起传承南音的使命，福建会馆南乐团主办了国际南音大会演，共有 8 个国家及地区的 300 多位弦友参加了本次会演。

沙白华侨传承南音的不懈坚持令人感动，相信在他们的努力之下，南音在沙白一定能够迎来美好的明天。

雪兰莪州瓜雪暨沙白县福建会馆 2006 年 7 月 14 日成立南音理事会名单如下：

---

① 活动手册载明：活动时间为 2006 年 7 月 14 日，活动实际举办时加印了插页，载明时间为 7 月 16 日。

顾问：颜碧志 AMN、苏青山 PJK
会长：陈观福
署理会长：郑益兴
副会长：黄忠义、黄天然、郑庆荣
总务：陈金德
副总务：林克茗、潘金铁
财政：李振成
青年团团长：郭成辉
妇女组主席：李秀菊
理事：颜景煌、陈松杉、陈永槐、黄联兴、李振成、黄天然、李亚礼、陈金安、李锦辉、陈水利、潘金载、黄运强、陈志惠
南音导师：林金良、颜秀格、颜玉宝、颜美华、潘升平、郑素霞、潘玉成
组长：陈观福
副组长：李秀菊
秘书：林克茗
财政：颜秀格
组员：颜秀格、颜玉宝、颜美华、林金良、潘升平、郑素霞、李秀菊、黄素华、黄素琳、蔡煜勤、蔡埝祯、蔡煜仁、陈靖雯、郑诗缘、林凯虹、林凯琪、林慧婷、林素琼、颜秀月、颜雅薇、辜庭伟、崔燕婷、谢静宁、邱欣柔、黄佳利、黄凯柔、刘静宜

5. 衰退中的马六甲南音社团

马六甲是闽南人最先到达的马来西亚地区之一。马六甲同安金厦会馆南音团成立于 1931 年，历史悠久，与吉兰丹仁和南乐社、吡叻（霹雳）太平仁爱音乐社并称马来西亚东邦三大南音社团。

在田野考察过程中，笔者拜访了马六甲同安金厦会馆的部分老前辈。据他们介绍，资助教育是马六甲同安金厦会馆显著的特点。该会馆于 1960 年设立了资助同乡子女的中学奖学金，并于 1968 年向全社会开放。1979 年设立百万元基金，成立大专院校贷金会，使众多的学生在其资助下学有所成。

同时，马六甲同安金厦会馆还十分重视音乐和戏剧，设有大鼓吹组、平剧组、闽剧组和南音组，努力在南洋传播中华文化艺术。尤其是该会馆南音组数十年来，在马来西亚电台演播节目，并经常在马来西亚或代表马来西亚到各国演出。先后在该会馆担任主席的同安人有陈期岳、杨朝长、杨建谒等。

但是，在马六甲南音界，不同门派的弦友之间并没有太多的交往，这一点笔者在田野考察过程中深有体会。在笔者最初的采访计划中，原本是要分别拜访不同门派的弦友，但是当排在后面的被采访者知道了笔者的采访顺序后，便拒绝接受笔者的采访。后来，笔者从侧面了解到，因为不同门派意见不同，一直被个人成见影响，致使马六甲南音界无法聚在一起切磋南音，更无法开展南音活动。根据相关资料记载，马六甲的南音社团曾多次参加东南亚和中国闽南地区举办的南音大会唱活动，也曾经出现过著名的南音高手。马六甲南音昔日的辉煌，曾经引起过一位从英国留学归来的音乐学家的高度重视。他把马六甲南音作为研究对象，得到了国际音乐学界的关注。但这些辉煌，在今天很难再见到了。由此可以看出，在南音文化传承传播的生态中，最核心的是“人”的问题。一个文化形态要在当地传承发展，虽然“天时”和“地利”很重要，但“人和”更重要。没有了“人和”，即便“天时”和“地利”再优越，也会呈现出逐渐衰落的情况。

正因如此，20 世纪 80 年代之后，马六甲同安金厦会馆不复当年之势，中断多年，维持得很艰辛。

马六甲同安金厦会馆理事部 2014—2016 年度职员名单如下：

名誉主席：陈诗抽
法律顾问：陈厚杉律师局绅
会务顾问：拿督杨建筑局绅
主席：黄国源
署理主席：拿督杨建良局绅
副主席：陈光海、拿督孙金福局绅、林金木
总务：杨诚恭
副总务：陈荣辉
财政：陈书慕
查账：蔡锡平
文书：陈称秀
副文书：陈江河
交际主任：蒋明展
副交际主任：梁孙丰
仲裁主任：陈文迪律师
副仲裁主任：李金土
音乐主任：许金顺
副音乐主任：陈念升
体育主任：杨福文
副体育主任：何再添
青年团团长：徐荣科
署理团长：林兴南
副团长：李火转
妇女组主任：陈娜莉
妇女组署理主任：吕秀雪
理事：王振相、林尚崑、何成春、陈诗球、纪伟忠、陈美农、林辉发、杨雨城、林艺忠、高伟良、陈诗鑫之后，我们还有“沉稳的吉隆坡”没有走进，按计划还必须再访槟城，因为那里有一个没有讲完的故事……新时期“一带一路”影响中华传统文化海外传承传播复兴极其关键的“人和事”还将展示：第一，杨玉箴及其身后的团队；第二，执着的林素梅；第三，年长的新秀许隆基；第四，希望的田野——三姐弟和他们的同龄人……

六、中华传统文化海外在地存续的力量

中华传统文化之所以能够远播海外，实现在地存续，是因为其丰富的精神文化内涵、发展的流动性与系统的包容性。

首先，中华传统文化之所以能够实现广泛的海外在地存续，离不开其自身丰富的精神文化内涵。中国优秀的传统文化，是中华民族不断创造积累的宝贵精神财富，几千年来从未间断，在今天仍然具有强大的生命力与价值。中华文化的这种优秀内质，是其能够流播海外，在异国他乡依然充满蓬勃生机的根本。

其次，依托中华文化形成的海上丝绸之路文化具有强烈的流动性，这种流动性促进了中华文化在海外的传播。凭借海上丝绸之路，中国与东南亚地区实现了频繁的经贸文化交流，在广泛交流的过程中，中华文化依托华人这一载体，传播到东南亚乃至更广泛的地区。在这一过程中，华人海外聚居地成为重要的基点，作为中华文化与本土文化相互碰撞、相互激发、相互融合的重要场域，以其为中心，中华文化得以迅速流播到东南亚各地。

最后，中华传统文化还以强烈的兼容性吸纳着异域文化的给养，这种兼容性为其传播海外并实现在地存续提供了可能。到达东南亚的华人华侨将中华文化带到异国他乡的同时，也将其与当地的文化相结合，吸纳着包括南洋文化、东南亚文化、阿拉伯文化以及西方文化的各种品质。这种海纳百川的精神极大地促进了中华文化在海外的传播与发展，经过漫长而复杂的过程，中华文化逐渐融入世界文化的大家庭之中，为在地文化增添了

新鲜的生命活力。

当然，中华文化得以实现海外在地存续的最根本原因，还在于中国国力的日渐强盛，在于中华民族的伟大复兴。无论离家多远，祖国永远是海外华人华侨的坚强后盾。他们从祖国的不断发展中获取到了奋进的力量，展现出自尊、自信的精神面貌，向世界展现中华文化的魅力。在这一过程中，华人实现了对中华文化的自识、自珍、自觉与自爱，认识自己国家民族的文化，珍惜它，自觉地传承、保护它，最终树立起民族的文化认同与文化自信。

非物质文化遗产是村落文化遗产保护的关键*

一、所见村落文化界定及本文对村落文化的理解

林耀华先生在其《民族学通论》中总结了对“文化”概念的诸多讨论，认为广义的文化指人类社会历史实践过程中所创造的物质财富和精神财富的总和。一般来说，文化可分为物质文化、制度文化和精神文化三个层次。基于以上的文化定义，笔者在《基于非物质文化遗产视角的村落文化结构分析及其保护研究》一文中，对村落文化的概念进行了界定，认为村落文化指农业人口在特定地域长期生产生活形成的集体意识和观念形态，如语言、风俗习惯、精神信仰和价值取向等，也包括物质创造活动及其结果；并且在文中着重探讨了以非物质文化遗产为主要内容的村落文化，注重村落文化中观念形态、精神创造活动及其结果的部分。

本文中所要讨论的“村落文化”，不仅仅包括村落文化中制度文化、

* 本文与宁德师范学院讲师黄欣、阮蕾晔合著，原载于陈建中、郑长铃主编《聚落文化保护研究：第三届两岸大学生闽南聚落文化与传统建筑调查夏令营论文集》，文化艺术出版社 2018 年版。

精神文化方面的内容，还包括当地民众的物质创造活动及其结果。因此，本文涉及的“村落文化”概念，主要包括了以下几个方面的内容：

1. 村落周围环境、自然景观及其衍生而成的空间文化形态；

2. 区域文化历史积淀，族群（社区）的独特文化表现形式；

3. 生产生活方式及其相关文化场所，以及有关自然界和宇宙的知识和实践；

4. 基于其生产方式的行业规范与基于其生活方式的乡规民约；

5. 包括历史遗迹在内的村落物质文化形态：民居、祠堂、庙宇及其他公共空间；

6. 与生产生活方式相关的民间习俗；

7. 精神信仰层面，包括宗教信仰、民间信仰（含行业神祇信仰）等。

“古村落保护”由冯骥才先生在 2011 年提出，2012 年 4 月住房和城乡建设部、文化部、国家文物局、财政部联合启动了中国传统村落的调查与认定，对具有典型性和代表性的村落加以保护。此后，国土资源部、农业部、国家旅游局先后加入，参与中国传统村落的调查与认定的部委增至七个。“古村落”与“传统村落”虽名称不同，其实所指相似，都是指以农业生产方式为主的、从历史延续到现代并区别于当代现代化的乡村聚落。

对于古村落的保护，学术界有着不同的声音。冯骥才先生呼吁要进行立法保护，他说：“古村落的价值绝不小于万里长城，抢救古村落就是和时间赛跑。古村落孕育了中华传统文化，也承载着我们的乡愁。”住房和城乡建设部原副部长、中国城市科学研究会理事长仇保兴先生认为，每一座蕴含传统文化的村落，都是活着的文化遗产，体现了一种人与自然和谐相处的文化精髓和空间记忆。传统村落是在长期的农耕文明传承过程中逐步形成的，凝结着历史的记忆，反映着文明的进步。传统村落不仅具有历史文化传承等方面的功能，而且对于推进农业现代化进程、推进生态文明建设等具有重要价值。中国民协分党组书记、驻会副主席罗杨认为，古村落不仅是我们的精神家园，也是文化传承的血脉。保护古村落不仅要强调古建筑的完整性，更要重视对古村落的内涵和村落中活态文化的保护。学者魏青曾说，古村落的保护就是保护民族的“根性文化”。此外，还有一部分专家学者认为古村落的保护应“以人为本”，北京师范大学文学院民俗学与文化人类学研究所所长刘铁梁表示，对传统村落的保护，尤其要尊重村落里的人，听听他们的想法和意见，他们对村落的了解肯定胜过外人。《中国艺术报》社长向云驹强调：“没有人生活了，或者一群人在那里表演式地生活，有什么意思？总体来说，我们不是为了旅游而保护，是为了整个文化的价值。”中央美术学院教授乔晓光认为，古村落保护的核心因素是人，古村落的灵魂是通过人体现的，我们要尊重村落的主人，使村民热爱自己的文化，更要通过体制创新和激励机制，让一部分农民愿意回到乡村，劳动致富，合理开发古村落旅游等，让有人气的古村落回归日常生活，充满生机……

二、关于村落文化与村落文化遗产保护

（一）村落文化与村落文化遗产保护

文化遗产，是历史遗留下来的精神财富或物质财富，既包括有形的物质文化遗产，也包括无形的非物质文化遗产。由此可知，村落文化遗产，指历史遗留下来的村落民众创造的精神、制度及物质文化成果，它积淀了历代的传承，不论是以物质形式呈现的文物、建筑群与遗址，以物质为载体的传统文化表现形式，还是以乡规民约、宗法家规形态呈现的制度文化都包含在内。而在诸多的村落文化遗产之中，非物质文化遗产因其承载着族群文化基因又活态存续于民众生产生活之中的独特特点和宝贵价值，成为村落文化遗产中最重要的组成部分。

保护村落文化遗产，就要对文化遗产进行活态的、整体性的保护，不仅要保护村落中的非物质文化遗产，还要保护与之相关的物质文化遗产；不仅要保护文化遗产，还要保护其产生、依存的生态环境，包括自然环境与社会环境。

“村落文化”与“村落文化遗产”是相互联系又有所区别的两个概念。

正如前文所说，村落文化指农业人口在社会历史实践过程中所创造的所有物质财富和精神财富的总和，它跨越了过去、现在和未来三个维度，既包含了历史沉淀下来的部分，又有当代生活的时代内容，并在不断发展中走向未来。而村落文化遗产，虽然也是历史不断积淀传承至今，并且依然存续于当代社会，但由于文化遗产的不可再生性，若没有得到妥善的保护，就会消失在历史的洪流之中。此外，并非所有的村落文化都属于村落文化遗产，文化遗产是历史遗留下来的物质精神财富，村落文化中那些当代新产生的内容就不属于村落文化遗产的范畴。

（二）保护村落文化，“人”是村落文化的核心

意大利于 20 世纪 60 年代末提出了“把人和房子一起保护”的理念，认为历史文化中心区的原住居民应该留下来，并要保护这些居民的原有生活状态。无疑，这一理念关注到了“人”对区域文化保护的重要意义。

文化是由人来创造的。一切村落文化都是依托于人存在的，因为人而有价值，并且依靠人来传承、传播、发展。村落中的文物、建筑、遗址等物质文化遗产与村落中的非物质文化遗产共同构成了村落文化，物质文化遗产与非物质文化遗产是文化遗产的两个组成部分，它们是相互关联的统一整体。非物质文化遗产不能脱离物质载体而存在。村落中的民间习俗、宗教信仰、乡规民约等非物质文化遗产是依托村落中的民众存在的，它们通过人的活动来展现，并通过人的活动传承、发展，脱离了村落中的民众这一主体，村落中的非物质文化遗产也就不复存在了。因此，“人”才是村落文化的核心，有了人，村落才有生命，有灵魂。

中国文物学会副会长、福建省文物局原局长郑国珍在谈到福建传统村落保护遇到的困难时曾说：“首先是人的困难，传统村落有了人才能谈保护。福建人爱闯荡江海，赴海外谋生的人口非常多，如何留住人，特别是留住精英，这是我们遇到的问题。”有了人才能谈保护，那么，又该如何留住村落中的民众呢？我们不能仅仅站在学者的立场上，为了保护村落文化遗产去要求民众放弃发展的权利。当代的专家学者，应该站在客观的立场上，尊重村落民众的主体地位，在此基础上去寻求村落文化保护的有效途径。村落文化遗产产生、发展于民众的生产生活之中，重视、把握生产方式、生活方式是实现村落文化遗产保护的根本途径：不仅要保护村落民众的传统生产生活方式，更要使他们的生产生活方式与时代生活相适应。而如何寻找到传统生产生活方式与当代社会生活之间的契合点，就需要专家学者深入研究与不断探索，给出适宜的建议。

村落首先是人的一种居住形态和生存空间，它是基于人的需要而存在的，村落中的居民在此生产生活，并创造出了村落独有的文化。村落文化保护不仅仅是为了修缮、保护文物、民居等物质载体，更是为了使村落中的生产生活方式、风土人情等精神文化内涵得以延续，并且与现代文明、当代社会发展相适应，从而使村落更加“宜人化”。留得住人，村落才有人气，有人情，村落文化才能不断延续下去。

（三）非物质文化遗产保护是村落文化遗产保护的关键，也是村落文化遗产保护的立足点和出发点

要保护村落中的“人”，最重要的方式就是保护村落中的非物质文化遗产。非物质文化遗产产生、存续于民众的生产生活之中，体现在衣食住行的方方面面，贯穿在每个人的全部生命历程之中。非物质文化遗产是民众智慧的结晶，蕴含着民族深层的文化基因，体现着一个族群或民族的思维方式、价值取向和审美趣味，是人的创造力的生动体现，也是一个族群区别于其他族群，形成自身认同的关键所在。如果说物质文化遗产是传统村落的“形”，非物质文化遗产就是传统村落的“神”，没有了非物质文化遗产，传统村落就失去了“灵魂”。保护村落文化遗产，应把非物质文化遗产保护放在核心位置。

近年来，乡村建设越来越受到人们的关注，各地建设“美丽乡村”、保护“传统村落”的积极性很高。但是，由于一些地方急于求成，采取模式化的方式进行乡村建设，使村落丧失了自己的特点，出现了“千村一面”的现象：村落的外在形象基本相似，最严重的是，村落的内在精神文化特质丧失，同质化严重。如江苏周庄，随着旅游业的发展，贩卖猪蹄的叫卖声四处可闻，竟有了“不吃万三蹄，枉费周庄行”的说法，曾经宁静的江南水乡变成了贩卖猪蹄的饭庄。有网友说:“酱红油亮的万三蹄让周庄充满了世俗的味道。”周庄原有的精神文化特质似乎已为阵阵猪蹄香所掩盖。从传统村落文化保护的现状看,有些地区存在着以下情况:古民居、文物等物质文化遗产成了保护的重点,保护规划(主要是旅游规划)成为保护工作的抓手、关键,以非物质文化遗产为代表的传统文化方面的保护反而被忽略了,这是有问题的!

归根到底,出现这种现象的原因就在于忽略了对村落中“人”的保护,忽略了对村落中非物质文化遗产的保护。物质文化遗产与非物质文化遗产是统一的整体,非物质文化遗产依托于物质文化遗产才得以呈现,物质文化遗产中也蕴含着非物质文化的内涵。非物质文化遗产作为村落文化的“灵魂”,是不可再生的文化资源,一旦消失就不可能“复活”。在传统村落的保护工作中,若仅仅保护物质文化遗产,忽略了其中所蕴含的精神文化内容,那么,最后保留下来的,很可能只是作为展览品的传统村落的“躯壳”而已。一个村落中多年沉淀下来的语言、服饰、价值观念、生活方式等内在的精神文化,才是其区别于其他村落、其他地区的关键所在。只有保护了这些村落的内在精神之美,我们的乡村才能真正由内而外地美丽起来,而不是成为徒有其表、没有灵魂的“躯壳”。当然,区域文化存在相似性,并不是说每一个村落的村落文化都完全不同。由于相似的生产生活方式等,一个区域内的几个村落在村落文化上可能存在相类似的地方。同时,由于文化的交流与传播,一个村落的文化可能对其他村落的文化产生影响。我们对村落文化遗产保护所做的论述,是基于抽样研究——选取区域文化中既具代表性又具特殊性的村落进行研究得出的。

在如何保护村落文化方面,台湾华梵大学建筑学系主任萧百兴给出了台湾古村落保护的经验,或许能给我们一些启示。“过去,台湾的古村落旅游,游客走马观花,忙着消费和猎奇;地方则只想着赚钱。但是后来发现不能这么做,旅游要有深度,地方要有魅力。地方和游客要像老朋友一样相互对待。”“于是,我们把景区打造成‘生态博物村’,通过空间设计,地方成为空间的‘说书者’。有故事的地方诉说着当地的故事,建筑的故事，人的故事。这些故事让景点成为旅客期望中的梦境。现在台湾东北部的古村落，每个村都有它独有的故事。”[①] 正是这种“独有的故事”，构成了台湾村落独有的文化特质，丰富了村落自身的文化内核，赋予了这些村落强大的生命力与吸引力。萧老师的观点是从旅游层面来讲村落保护，而不同的村落面临的情况不同，保护的方式也不尽相同。如福建省宁德市漳湾镇的岐后村，村民世代以造船为生，独特的生产方式形成了岐后村独具特色的村落文化。要保护岐后村的村落文化就要牢牢把握当地民众的生产方式，并且使这种生产方式与当代社会相适应。村落文化遗产保护的目的是推动村落文化的健康发展，真正留住“乡愁”，护住传统文化的根魂。

正如前文中所说，村落文化是由精神文化、制度文化和物质文化三个层面的内容共同组成的，以非物质文化遗产为主的精神文化、制度文化构成了村落文化的主体部分，成为村落文化保护的关键。失去了非物质文化遗产的村落文化，是没有灵魂的、不完整的村落文化。我们保护村落文化遗产是为了推动村落文化的健康发展。村落的健康发展仅仅拥有物质文明是不够的，还需要物质文明和精神文明的相辅相成。只有尊重村落中群众的文化主体地位，尊重村落自身的文化特点和文化发展规律，因地制宜地进行村落文化建设，才能推动村落文化真正健康地发展。“须知参差多态，乃是幸福本源”，伯特兰·罗素的这句话在村落文化保护上同样适用。村落文化的发展是没有定式的，保护村落的非物质文化遗产，尊重不同村落的文化特点，就能呈现出不同村落独特的文化内核，体现出村落文化的多样性。

2013 年 12 月 12 日至 13 日在北京举行的中央城镇化工作会议上，习近平总书记指出，要“依托现有山水脉络等独特风光，让城市融入大自然，让居民望得见山、看得见水、记得住乡愁”。记得住乡愁，就是要对

① 萧百兴：中国传统村落文化遗产保护高峰论坛上的发言记录，转引自东南网《传统村落保护如何冲出怪圈》，http://np.fjsen.com/2014-12/02/content_15319753.htm。

村落文化、街区文化、区域文化进行保护，对整个文化生态进行保护。村落文化、街区文化、区域文化保护，其本质、核心问题都是非物质文化遗产保护。

村落中的古民居、文物、遗址等物质文化遗产虽然也承载着一定的历史文化价值，但其保留的是村落文化的某些“片段”和“碎片”，当物质文化因为战争、时间等因素的影响不断流失，以人为载体的非物质文化遗产——这自由地生长于民族民间的“野草”还活态地存续于民众的日常生活之中，不断地延续着中华传统文化的根魂。正所谓“礼失求诸野”，正因为社会发生了巨大的变革，以人为核心、以非物质文化遗产为主要内容的村落文化的“根魂”的意义才尤为凸显。保护非物质文化遗产，就是保住根，护住魂，守住我们的精神家园，而这才是村落文化遗产保护的根本目的。

三、余论

综上所述，保护非物质文化遗产是村落文化遗产保护的关键。反过来，要保护非物质文化遗产，还需从村落文化的七个方面入手，才能抓住问题的关键。正如笔者在《基于非物质文化遗产视角的村落文化结构分析及其保护研究》一文中所说，非物质文化遗产生于、长于其文化生态当中，并且与生长其中的其他诸多文化事项相互交织、协调发展，不存在脱离民众生产生活方式的村落文化。重视、把握生产方式、生活方式是实现以非物质文化遗产为主要内容的村落文化保护的根本途径。当然，“非遗再创造”的问题也是在村落文化遗产保护中应该被关注和需要被关注的问题，笔者将另文讨论。

非物质文化遗产、物质文化遗产、自然文化遗产都是文化遗产的重要组成部分。我们说非物质文化遗产是村落文化遗产保护的关键，并不是否认自然文化遗产和物质文化遗产的重要性。保护传统村落，是为了保护民族的文化记忆和文化认同，保护凝结在其中的宝贵的历史和精神血脉。只有在传统村落保护工作中把非物质文化遗产保护作为重中之重，承载着民族文化灵魂和智慧结晶的优秀传统和基因才能延续下去，并为构建当代的和谐社会，推动民族、人类的未来发展做出贡献。

非物质文化遗产视野下的汉字*

作为非物质文化遗产重要承载体的汉字，以其特有的表意形式和审美价值在华夏民族的历史进程中持续扮演着重要的角色。

汉字与非物质文化遗产密不可分：首先，无论是作为记录符号系统的汉字，还是以汉字为基础形成的汉字文化，都是以人为载体活态存续的，本身即具有非物质文化遗产的特征；其次，以汉字为基础，才有了中国书法、中国篆刻等传统文化表现形式；最后，汉字还是包括非物质文化遗产在内的文化传承的重要载体。

一、作为记录符号的汉字

汉字，是世界上迄今为止持续使用时间最长的文字，也是上古时期各大文字体系中传承至今的唯一文字。中国历代皆以汉字为主要官方文字。

① 本文与宁德师范学院讲师阮蕾晔、黄欣合著，原载于中国艺术研究院编《文脉诗心：第七届两岸汉字艺术节演讲文集》，文化艺术出版社 2018 年版。此文系根据 2016 年“两岸汉字艺术节”的发言稿整理而成，文稿中参考了“中国书法”“中国篆刻艺术”的申报书（中国向联合国教科文组织申请“人类非物质文化遗产代表作”的申报书），在此特别致谢！

有关汉字的起源，有“上古结绳而治”的结绳说，“仓颉作书、后稷作稼”的仓颉造字说及八卦说、河图洛书说和图画说等。目前学术界公认：中国最早的汉字是公元前1200年用以记录卜筮的甲骨文。

关于汉字的非物质文化遗产问题，首先应该关注其作为记录符号的非遗特征。文字的产生、发展都与人类的生产生活息息相关，它是人类为了记录信息、交流思想而创造出的一种图像符号，并且在人类持续的文明活动中，为满足当时生产生活的需求，被不断加以修改和完善。汉字首先是作为记录符号而存在的，这是汉字的本质特征。千百年来，一代又一代的中国人，或是以信件、文书的形式递送消息、传情达意，或是将智慧的思考、灵感的火花凝结成著作文章，抑或是用碑文、青铜器铭文等记录生平经历和社会历史……可以说，小到百姓的日常生活，大到整个社会的发展历程，汉字从产生以来，一直在中国人的文明发展史上占据着不可或缺的重要地位。

汉字由记录符号发展成完整的书写符号系统，其活态性在发展过程中得以突出显现。随着社会的不断进步，人们记录信息、交流沟通的需求飞速增长，汉字在适应发展需求的过程中，被不断地“再创造”，在一次次的文字改革中形成了愈加严密的文字系统，“逐渐从最初具有象形意味的文字转变为笔画清晰、线条流畅、结构规范的符号文字”，由简单的记录符号发展为完整的书写符号系统。这种符号系统以人为传承、传播的载体，通过民众对汉字的实际使用表现出来，并且会随着时代的发展而不断发展。

二、作为文化表现形式的汉字文化

这里说的汉字文化，指的是汉字作为书写符号本身所携带的文化信息，以及汉字起源、演变中体现出的文化内涵。汉字文化是传统文化的重要组成部分，渗透在传统文化的方方面面，也存续于民众的日常生活之中。

汉字文化突出体现在汉字的创造和使用中。每个汉字在形成之初都其来有自，汉代许慎在《说文解字》中总括为六种造字方式，即象形、指事、会意、形声、转注、假借。所谓六书，“一曰指事，指事者，视而可识，察而可见，上下是也；二曰象形，象形者，画成其物，随体诘诎，日月是也；三曰形声，形声者，以事为名，取譬相成，江河是也；四曰会意，会意者，比类合谊，以见指撝，武信是也；五曰转注，转注者，建类一首，同意相受，考老是也；六曰假借，假借者，本无其字，依声托事，令长是也”[①]。后来的时代，比如当代，人们又结合时代特点，赋予汉字新的解读方法：如表示差人一等的“劣”，由“少”和“力”组成，意为比别人少付出一份力；“舒”，“舍”得给“予”别人，才能够收获快乐；有“衣”穿，有“田”耕，有“一口”饭吃，就是“福”；“夸”，自“大”的人，最终要吃大“亏”……诸如此类，不胜枚举。

在汉字的使用过程中，也出现了一些从汉字特殊属性中生发出来的世俗文化，如汉字的谐音和避讳。民间年画中双手抱着一条大鱼的胖娃儿，置身于莲花之中，就是以“鱼”谐“余”，以“莲”谐“连”，表示“连年有余”。汉字同音不同字、更不同义的特点，在当代也被各种广告、招牌充分利用，取得了特殊效果。如果说谐音是对同音字的妙用，那么避讳就是汉字的无奈之处了：在中国封建社会中，君王和家亲尊长的名字用字，必须避免直接说出或写出，应想方设法以其他字代替。如东汉开国皇帝刘秀在位期间，“秀才”改称“茂才”。唐朝大诗人李贺，据说因为父亲名字叫李晋肃，“晋”与“进”同音，嫉妒李贺的人利用避讳说，使得李贺无法参加进士考试。无论是谐音还是避讳，总之，当人们使用汉字的时候，汉字与人的生产生活的所有活动紧密地联系在一起。

这种汉字文化不仅在中国地区流传，还随着族群的迁徙和对外交流流播海外。在新加坡、马来西亚、日本、韩国等汉字文化辐射地的语言当中，可以找到诸多与汉字体系相类似之处：在日本，学生从中学时代就要参加汉字检定考试，他们把认识汉字、学习汉字文化视为一种提升个人修

① （汉）许慎：《说文解字》，中华书局 1963 年版，第 314 页。

养的方式；在韩国，高中生必须达到上千的汉字词汇量才可以拿到毕业证；在马来西亚，大部分高等院校开设了中文系。汉字所携带的华夏民族的文化基因不可避免地在异文化中流播开来，也就是说，汉字在向世界传播中华文化的过程中发挥了重要作用。

三、作为审美对象的汉字

作为象形文字，汉字的产生无疑是中华民族创造力的突出体现，反映了中国人对人、自然、社会的认识与体会，其脱胎于图画的字形结构，往往能给人以美的享受，反映出中国人独特的审美趣味，而汉字的深层内涵，更为它增添了厚重的文化底蕴。因此，几乎从诞生开始，汉字就成为人们的审美对象。作为审美对象的汉字的突出表现形式，就是书法艺术。

书法是基于汉字形成的艺术形式。人们以笔、墨、纸、砚为主要工具材料，按照汉字的结构和内涵，结合自身的理解，将其用一定的笔法书写出来，使汉字成为具有美感的艺术作品。汉字是书法创作的基准与模板，是书法发展之根，人们在这一根基之上，发展出了枝繁叶茂的各种书法字体、风格与流派。书法有篆书、隶书、草书、行书、楷书等不同的书体，各种书体在不同的书法家笔下，又呈现出因人而异的独特书风。书法家以双苞、单苞、撮管、握管、搦管等执笔法，随着墨法浓、淡、干、枯、湿的无穷变化，照顾着穿插、呼应、避就等字法，更有点画、布白、疏密、节奏等共同形成的章法，再加上取决于书写者自身艺术涵养与心境的“偶然性”进行书写，汉字在书写过程中，转化为文化形态，成就了形态万千、无法穷尽的艺术作品。《李斯碑》的屈铁碾玉，《袁安碑》的端庄飞动，《乙瑛碑》的肃穆自在，《张黑女墓志》的潇洒内敛，《夏热帖》的雄奇险崛，《祭侄文稿》的遒劲秀逸，《前后赤壁赋》的转折圆劲……这些不胜枚举的书法艺术遗存，融入了人们对自然、社会和人生的思考、体验，表现了中华民族独特的思维方式、审美趣味和价值取向。

除了书法艺术之外，篆刻艺术也是汉字作为审美对象的一种艺术表现形式。篆刻同样与汉字相伴而生，最早的汉字甲骨文就是用刀在龟甲、兽骨上雕刻而成。早期的篆刻以实用性为主，篆刻的成果——印章，在殷商时可作为交换的凭证，后来则成为象征政治权力的物品。随着汉字的演变、朝代的更迭、社会的变迁，篆刻也由最初的实用性向审美性转变，逐渐发展为艺术创作的门类之一。汉字众多的字体与多变的书写风格为篆刻提供了取之不尽的艺术源泉。随着汉字的发展成熟，篆刻也在一代代人的不断再创造中，由最初的简单雕刻，发展成为集书法、绘画于一体，以汉字为载体，旁通书、画之理，又兼涉镌刻技艺的艺术形式，并形成了浙派、皖派、粤派等不同的流派和风格。篆刻讲究的“曲处有筋，直处有骨”等美学规范，彰显着中国传统的美学精神；创作中表现出的参差错落、阴阳变化等，体现了中国传统文化精神中的刚柔相济、对立统一等内涵。可以说，篆刻艺术作为中国传统文化的重要组成部分，彰显着中国文化的独特魅力。

千百年来，书法艺术、篆刻艺术等基于汉字产生的艺术形式，以其突出的审美价值、深厚的文化内涵，逐渐成为中华文化重要的外在表现形式，甚至随着中国人的脚步传播到其他国家，成为传承、传播中华民族灿烂文化的重要载体。作为活态存续着的文化表现形式，直至今日，书法艺术、篆刻艺术仍然在我们的生活中发挥着记录、交流、审美等诸多功能，并且以无限的活力，融入快速发展的现代生活，为服装、建筑、工艺设计等诸多领域，提供发展的灵感与素材。也正因为如此，2009 年，中国书法与中国篆刻被联合国教科文组织列入《人类非物质文化遗产代表作名录》。

四、作为文化传承载体的汉字

根据联合国教科文组织《保护非物质文化遗产公约》，非物质文化遗产包括：1.口头传统和表现形式，包括作为非物质文化遗产媒介的语言；2.表演艺术；3.社会实践、仪式、节庆活动；4.有关自然界和宇宙的知识和实践；5.传统手工艺。

可以看到，作为非物质文化遗产媒介的语言，也是非物质文化遗产的重要组成部分之一。而汉字，作为汉语言的书写用文字，自然成为非物质文化遗产的重要承载体。

作为无形的、精神的遗产，非物质文化遗产不可能脱离物质载体而独立存在，物质与非物质是遗产的一体两面。虽然非物质文化遗产大部分以口传心授的方式代代相传，但仍有相当多的非物质文化遗产以文字的形式被记录下来，甚至依赖文字而传承、存续。

民间文学类非物质文化遗产就是典型的例子。民间文学是人民群众口头创作、口头流传的文学，包括神话传说、民间故事、说唱文学、谜语等。许多作品在传承、传播的过程中，被用文字记录下来，整理成册，如中国四大民间传说、英雄史诗《格萨尔》等。这些记录下来故事和作品的文字，便成为民间文学的重要承载体，在民间文学的传承与传播中，起到了至关重要的作用。

在传统音乐、传统戏剧、传统曲艺、传统医药、传统手工艺等非物质文化遗产中，文字也是必不可少的载体。许多传统音乐的曲谱需要用汉字来记录，在民间音乐、戏曲中应用广泛的中国民间传统记谱法——工尺谱，就因用工、尺等字记写唱名而得名。传统戏剧、曲艺的剧本和唱词也都要用汉字来编写创作，如昆曲名作《牡丹亭》便是明代剧作家汤显祖的代表作，作品将传说故事与明代社会相结合，曲词华艳优美，闻名于世。传统医药的传承与发展更离不开难以计数的处方和一部部伟大的医学典籍，《黄帝内经》《伤寒杂病论》《神农本草经》……这些著作将千百年来的医学经验用文字记录下来，并形成完善的医学理论体系，是传统医药赖以传承、发展的宝贵资源与财富。传统手工艺的传承，除了口传心授以口诀的方式传承以外，制作流程和材料尺寸、位置等都需要通过文字进行记录和说明。

除了上述几类非物质文化遗产，汉字还与许多非物质文化遗产联系密切，尤其是民俗类非物质文化遗产。无论是春节贴对联，还是元宵节猜灯谜，都与汉字密切相关。对联是写在纸、布上或刻在木头、柱子上的对偶语句，要用汉字书写，并且要求对仗工整、平仄协调。春节贴对联是一个重要的习俗，在中国乃至全球的汉文化圈中广泛传承、流播，对于弘扬中华民族传统文化有着重要意义。元宵节猜灯谜同样是一项历史悠久的民俗活动。灯谜用汉字书写，一般分为“谜面”“谜目”和“谜底”三个部分。猜灯谜既能启迪智慧又能营造节日气氛，因此成为许多地区元宵节必不可少的节目之一。可以泛而言之，几乎每一类非物质文化遗产的传承和传播都离不开汉字这一重要载体。

汉字是中华艺术的瑰宝，在世界各国的文字宝库中独放异彩。在漫漫的历史长河中，结合时代的审美倾向和艺术特征，汉字经过持续不断的演变和发展，在一笔一画的顿挫转折中记载、传承着源远流长的中华文明。作为书写符号，它记录着文明发展的过程，沟通着不同历史时期、不同地区的人们；作为审美对象，它反映着中华民族的思维方式和审美趣味，成为中国传统文化的外在表现形式和重要组成部分；作为文化传承的载体，它像一艘巨轮，载着以非物质文化遗产为核心的传统文化，穿越历史的河流，从过去走来，向未来驶去。汉字好像一棵树，从古至今，枝不停长，叶不停发，其根系深扎大地，岿然不动。汉字是中华文明之源，亦是中华优秀的传统文化得以传承发展的根基与土壤。

两岸同名乡村民俗文化传承传播研究

——以东石及数宫灯为例*

一、两岸同名乡村及其现状

两岸同名村，就是指台湾的一些村落所冠籍的地名与大陆祖籍地“同根、同源、同名”。早在明清时期，就有大量的福建和广东籍先民离开大陆，赴台开垦谋生，这其中，福建籍先民占的比重相对较大。“据1926年日据当局对台湾汉族祖籍地的调查统计，祖籍地福建占83.1%、广东占15%；其中泉州府籍占44.8%，漳州府籍占35.2%，汀州府籍占1.1%，福州府籍占0.7%，永春县籍0.6%、龙岩州籍占0.4%、兴化府籍占0.25%。”① 先民们到了台湾后，聚族而居，不但带去了祖籍地的传统文化、民间习俗信仰，同时，也把自己在大陆祖籍地的府、县、乡、村地名，街巷名和宗祠名，寺庙名，乃至家乡的山川名胜名称都带了过去，作为台湾新聚居地的

---

* 本文与中国艺术研究院副研究员陈丹曦、硕士研究生陈宇峰合著，原载于谢必震、郑长铃、张羽主编《两岸文化深耕与融合：第五届两岸文化发展论坛文集》，文化艺术出版社2018年版。

① 朱定波：《彰显血缘关系的闽台同名村》，《政协天地》2013年第4期。

墓”为名代代奉祀，尊称“九龙三公”。后来，因为一次山洪暴发，山上的“三公墓”被冲毁，山上的一粒卵石滚落到晋江东石的海滩上，这粒卵石被渔民拾回后数次“显灵”，东石人认为它是九龙三公的英灵化身，便为这粒卵石塑金身、建九龙三公庙奉祀。因九龙三公庙神灵显赫，有求必应，故又被当地百姓称为“嘉应庙”。随着明代以来越来越多的东石人移居到台湾，并以东石为名安户建村，为了祈求在台湾同样能得到九龙三公的庇佑，嘉应庙自然而然也分炉过海到了台湾。现如今，在台湾就有布袋嘉应庙、新堨嘉应庙、北港仔嘉应庙等数十座嘉应庙。

每年元宵佳节，闽南各地都会挂宫灯并举行各种各样的灯俗活动。关于挂宫灯的习俗，在闽南还有这样一个传说：在两宋之际发生了靖康之变，金军攻破了东京，俘虏了宋徽宗、宋钦宗父子及众多皇族臣贵。康王赵构向南逃亡，在他逃难到闽南地区的时候，曾得到当地一位渔女的救助，后来在这位渔女出嫁之时，已成为宋高宗的赵构便赏赐这位渔女半副銮驾、凤冠霞帔及一对宫灯作为随嫁品。也正是因为泉州在当时是南外宗正司的所在地，所以无论是官方还是民间，宫灯作为喜庆的象征和婚嫁的饰品在闽南地区成为一种时尚。后来相沿成习，宫灯也就成为闽南姑娘出嫁必不可少的陪嫁，现如今挂宫灯在闽南很多地方依然是新人们祈求婚后美好生活的象征。

东石人自然也会在嘉应庙挂灯礼神，举办灯俗活动，久而久之便成了当地的风俗。在嘉应庙挂宫灯、数宫灯，除了被赋予元宵佳节的象征之外，也赋予了新人祈求九龙三公庇佑的期盼，更是被东石人赋予了宗族文化和村落文化下的对子孙繁衍、家族兴旺的精神寄托。

在晋江东石元宵佳节期间，上一年新结婚的新郎会从正月十三这天开始，自觉地将新娘家陪嫁的宫灯挂到嘉应庙里参加数宫灯的活动。这样的活动会持续三个夜晚，每个晚上男女老少齐聚在庙里，欣赏五彩缤纷的宫灯，或猜灯谜，或听南音，还会数挂着的宫灯并和前一年的数量进行对比，因为每挂一对宫灯就代表上一年有一对新人结婚，通过与前一年的数量做比较，就知道这一年村子里新人结婚的情况了。移居到台湾的乡亲也会在布袋嘉应庙和新塭嘉应庙两座分炉庙举行类似的挂宫灯、数宫灯的活动，向乡亲展示本村一年内新人结婚的情况。为了不忘祖先根本，为了向晋江东石嘉应庙祖庙汇报一年内的情况，台湾的乡亲在每年元宵节前都会派人回乡祭祖，并汇报台湾的宫灯数；在活动结束回台湾的时候也将故乡的宫灯数带走，互报两地子孙的发展情况，共祝子孙兴旺。据当地民众介绍，即便是在海峡两岸“三通”之前，台湾的乡亲也会排除一切困难，向祖庙汇报一年内的子孙婚嫁、繁衍情况。

嘉应庙里除了挂有新娘宫灯之外，在庙厅正中还挂有一盏由“公家”制作的大红绣球灯。数宫灯活动的高潮环节便和这盏灯有关，在正月十五的午夜时分，众新郎官齐聚嘉应庙中，在主事通报本地及台湾的宫灯数、共庆两岸人丁兴旺后，便开始“卜灯”这一数宫灯活动的重头戏。新郎官们通过在三公爷座前掷信筊，来博夺那盏大红绣球灯，卜到大红绣球灯的新郎官要把那盏灯迎回家挂于厅堂之上。卜到这盏大红绣球灯除了是好运气的象征，更是预示着这个家庭在新的一年可能增添一个男孩。如果是台湾的乡亲卜到了这盏大红绣球灯，第二天活动结束的时候，便要举行隆重的仪式欢送其返回台湾。据口述材料，村民们一致认为：只要卜到了那盏大红绣球灯，来年这个家庭就一定能生男孩。或许，这就是数宫灯这种信仰习俗一直能延续至今的重要原因。

三、从两岸东石数宫灯到文化认同

两岸东石数宫灯习俗，促进了海峡两岸同胞的交流与往来，拉近了两岸同胞间的距离。原本同一宗族、同一村落的两岸东石人，虽然被台湾海峡阻隔，但是因为数宫灯这个习俗的存在，并没有因此而变得疏远。同时，两岸东石数宫灯习俗也蕴含了优秀的中华传统：宫灯承载着闽台人对宗族文化和村落文化的认同，因为数宫灯这个习俗，使得海峡两岸无论是人脉还是文脉，都得到了很好的传承与延续；同时，嘉应庙和九龙三公信仰承载着“忠”“孝”“仁”“义”等优秀中华传统文化内涵，这些优秀的传统文化也因为数宫灯这个民俗活动而在海峡两岸得到了传承与传播。

海峡两岸的文化一衣带水，有着密不可分的联系，就像海峡两岸东石人每年元宵佳节共数宫灯一样。相同的血脉和文脉让闽南人在移居台湾的过程中，也随之带去了闽南的信仰和文化表现形式，它们被带到台湾后，在台湾的土壤中落地生根，并在当地汲取了自身所需的营养，在当地得到传承的同时，也结合了当地的环境被“不断地再创造”，如妈祖信俗、木偶戏、歌仔戏、南管音乐等。“中原文化播入福建，经过本土化以后，以闽南文化的本土形态再度传入台湾，便成为闽台社会共同的文化标志。数百年发展至今，无论在家族制度、聚落方式、文字和方言、宗教信仰、民间习俗、文学艺术，乃至某些社会心态和文化性格，都保持着基本的同一性。”①

两岸东石数宫灯，与其他的文化表现形式及民俗活动不同的、也是最值得当下去关注的是：无论东石人跨越海峡到了台湾，还是走到了更远的东南亚，这种对宗族文化和村落文化的认同、对祖先的崇拜都没有随着所处环境的变化而发生改变。东石人无论身在何处，都要时时刻刻铭记祖先“忠、孝、仁、义”的教诲，都要时时刻刻记得向故乡汇报自己的发展状况。而这些，便都是通过每年元宵佳节向晋江东石的嘉应庙祖庙送宫灯，参与数宫灯活动得以体现的。

两岸文化一脉相承，这对于两岸文化的认同和两岸关系的和平发展，都起到了重要的作用。这些民间信仰、文化表现形式以及民俗活动，对于闽台人来说，无疑是证明其文化身份的重要形式。这些植根闽台人心中的文化符号，更是通过闽台地区的文化表现形式得以体现，让人们更加深刻地体会到这种同源文化传达出的文化情感，从而增加对本地文化或祖籍地文化的自信与自豪；这种内心深处的真挚情感和对闽台文化的自信，反过来会加深两岸民众对作为中华文化重要组成部分的闽台文化的认同感，进

---

① 刘登翰：《闽台文化研究的文化地理学思考》，载刘登翰《海峡文丛：海峡文化论集》，江苏大学出版社 2014 年版，第 27 页。

而加强对中华文化的认同感。

2014 年 5 月 7 日，中共中央总书记习近平在会见台湾亲民党主席宋楚瑜一行时强调："两岸关系和平发展是两岸同胞顺应历史潮流作出的共同选择。只要我们都从'两岸一家亲'的理念出发，将心比心，以诚相待，就没有什么心结不能化解，没有什么困难不能克服。"[①]

如今，两岸关系进一步发展，越来越多的闽籍台胞通过类似数宫灯这样的活动，回到福建，回到祖籍地。他们在参与文化活动的过程中，与福建同胞不断交流互动，不但继承了传统，也发展了这些文化表现形式，并赋予了它们新的内涵和意义，重新构建了对闽台文化的认同、对中华文化的认同。人们对文化的认同感和归属感，也因这些文化表现形式而得以进一步凝聚和升华。在这种文化的认同感和归属感的感召下，两岸关系定会得到更进一步的和平发展。

附：数宫灯活动程序[②]

1．挂灯

正月十三日开始在嘉应庙里张挂原俗灯、新娘宫灯、户头灯、大红绣球灯及各类花灯。

2．迎灯

迎接台湾送来的代表性宫灯。

3．闹厅

正月十四夜由本地道士乐阵集中于庙中吹打各类乐曲，以求吉祥。

4．游灯

正月十五上午举行闽台游灯踩街活动。

5．春祭

正月十五中午，两岸乡亲共同举行春祭仪式。

---

① 《习近平：和平发展是两岸同胞顺应历史潮流的共同选择》，国务院新闻办公室网站，2014 年 5 月 7 日。

② 晋江市闽台东石灯俗文化研究会：《国家级非物质文化遗产名录·闽台东石灯俗·数宫灯》，2013 年 6 月，第 4—5 页。

6. 串灯脚、数灯

正月十三至十五三个夜晚，新娘们借看灯、赏灯之名行“串灯脚”之实，以求“出丁”（生男孩）。

7. 卜灯

正月十五午夜，众新郎官举行卜灯比赛。

8. 送灯

最后是送灯次序：卜得的大红绣球灯在前面，随后以挂灯先后为序进行欢送，各人把自己的宫灯迎回家中，以求富贵得子。

“一带一路”文化艺术交流的双视角研究*

一、题解

“双视角”研究理论是一种以人类的文化现象为研究对象的研究方法，最初由美国的语言学家肯尼斯·派克①于1947年提出，并在其《论语言与人类行为的统一原理》②一书中系统阐释。该理论要求研究者在观察文化事象时，同时以“局内人”和“局外人”两个身份来考察。也就是说，既要以“局内人”的身份、视角深入到文化事象内部，去直观地感受和体验；也要以“局外人”的身份、视角跳出该文化事象，站在一定的高度去重新审视它。

在民族音乐学研究中，这种“双视角”研究方法又被称为“音乐文化

---

* 本文与中国艺术研究院硕士研究生陈宇峰、宁德师范学院讲师黄欣合著，原载于郑长铃、高德祥主编《2017“一带一路”文化艺术交流合作国际学术研讨会论文集》，文化艺术出版社2018年版。

① Kenneth L. Pike（1912—2000）.

② Kenneth L.Pike, *Language in Relation to a Unified Theory of the Structure of Human Behavior,* Berlin: Walter de Gruyter GmbH & Co. KG,1967.

的双视角观照”。该研究方法的核心就是兼具“局内人”与“局外人”两种视角去观察研究对象，以便得出科学、全面的结论。

站在不同的视角去观察事物，得到的结论可能不尽相同。如面对“饺子”的时候，欧美研究者以“局外人”的视角审视它，中国研究者以“局内人”的视角考察它，得到的结论可能是截然不同的：前者对饺子的认知更倾向于“饺子是一种食物”的角度，而后者则偏重于其作为中国文化重要符号背后的文化意义。同理，当面对汉堡、薯条这些从西方舶来的“洋快餐”时，中外研究者的认知也会是截然不同的。因此，研究者只有兼顾“局内人”和“局外人”两个视角，才能客观、公正、平等地看待“异族”文化和“我族”文化，才能真正理解文化事象的意义，从而得出较为客观、全面的结论。

如今，“双视角”研究理念已成为语言学、人类学、民族音乐学等学科领域的重要研究理论。需要强调的是：本文提及的“双视角”，并非完全意义上的人类学或民族音乐学中的“双视角”概念，只是笔者借用了“双视角”研究之理念与方法，即在观察文化事象时，虽不能同时兼具“局内人”和“局外人”的双重身份，但可以通过多维度的内、外视角，从不同层面去观察研究文化艺术事象。

二、“一带一路”的回顾与展望

（一）“一带一路”概念的提出

“一带一路”全称“丝绸之路经济带和21世纪海上丝绸之路”，最早由中国国家主席习近平于2013年提出。2013年9月7日，习近平主席访问哈萨克斯坦，发表了题为《弘扬人民友谊　共创美好未来》的重要演讲，首次提出共建“丝绸之路经济带”的宏伟愿景；同年10月3日，习近平主席访问印度尼西亚，发表题为《携手建设中国—东盟命运共同体》的讲话，进一步提出推进丝路精神由陆至海的伟大倡议。

2015年3月，经国务院授权，由国家发展改革委、外交部、商务部联合发布《推动共建丝绸之路经济带和21世纪海上丝绸之路的愿景与行动》（以下简称《愿景》）。《愿景》指出："一带一路"贯穿亚欧非大陆，一头是活跃的东亚经济圈，一头是发达的欧洲经济圈，中间广大腹地国家经济发展潜力巨大。丝绸之路经济带重点畅通中国经中亚、俄罗斯至欧洲（波罗的海）；中国经中亚、西亚至波斯湾、地中海；中国至东南亚、南亚、印度洋。21世纪海上丝绸之路重点方向是从中国沿海港口过南海到印度洋，延伸至欧洲；从中国沿海港口过南海到南太平洋。

这些贯穿亚洲、欧洲和非洲大陆，连接着几大经济圈的经济带，正是在古代陆上丝绸之路和海上丝绸之路的基础之上形成的。无论是陆上丝绸之路还是海上丝绸之路沿线，都有大量珍贵的文化遗产留存，因此，在分析"一带一路"文化艺术交流时，笔者引入了"文化线路"这一概念。

1993年圣地亚哥线路被列为世界遗产名录，这应该是"文化线路"这一概念最早被提出。2008年10月4日，国际古迹遗址理事会第16届大会正式通过了《文化线路宪章》，该宪章的通过标志着"文化路线"正式成为一项新的文化遗产类型。"作为遗产类别，'文化线路'是文化交流与传播的动态特点的结果，它们是人类造就的或使用的、有特定的具体目标的历史环境。所以，'文化线路'中的遗产，展示的是具体和特有目的的人的流动和交换的具体现象。它们不仅包括促进其流动的有形线路（到目前为止，仅为有形线路），而且还包括线路中物质和非物质的文化实体和文化价值。这些遗存与其具体目的和历史功能相伴共生。"①

"文化线路是指在一定时期内，随着不同人群在一定空间（线性或非线性）上产生的具有目的性的流动交往行为，继而在产生了跨文化碰撞与整合作用的同时，于有形和无形遗产基础上，以文化传播或文化涵化的显形或者隐形的路径为线索，形成的具有一定类型特征的文化意象和遗产保护、城乡规划的视角。"②

① 丁援：《文化线路：有形与无形之间》，东南大学出版社2011年版，第8—9页。
② 丁援：《文化线路：有形与无形之间》，东南大学出版社2011年版，第104页。

（二）陆上丝绸之路的历史与回顾

“丝绸之路”一词，最早由德国地理学家、地质学家费尔迪南·冯·李希霍芬[①]提出，李希霍芬于19世纪末在其著作《中国——亲身旅行的成果和以之为根据的研究》[②]中首次使用Seidenstrasse（“丝绸之路”）这个德文词语。丝绸之路有广义和狭义之分。狭义的“丝绸之路”指相对于“海上丝绸之路”而言的“陆上丝绸之路”，而广义的“丝绸之路”是“陆上丝绸之路”与“海上丝绸之路”的合称。在本文中所提到的“丝绸之路”均为狭义的陆上丝绸之路。

关于丝绸之路的开拓，学界目前认为其最早可溯源到远古年代的河西走廊。河西走廊地处蒙古高原和青藏高原之间，“东起乌鞘岭北面的古浪峡，经武威、张掖、酒泉到甘肃最西面的敦煌玉门关，总面积约十万平方公里”[③]，宛若一道狭长的走廊，故而得名。

西汉初年，匈奴对西北边疆地区的侵扰，不仅使西北边疆地区灾祸不断、生灵涂炭，也严重威胁到了汉都长安的安全。汉武帝时期，为了联合西域共御匈奴，遂派张骞出使西域。虽然张骞未能顺利完成使命，但是却探明了西域的情况，开拓了汉对西域的认识，也促成了汉武帝通西域的决定。为了更好地抵御匈奴侵扰，汉朝在河西地区设立酒泉、张掖、敦煌和武威四郡。四郡的设立捍卫和巩固了西北边疆的安全，逐渐成为维护和保障使臣出使西域的重镇。

汉朝和西域通使，使河西地区成为连接汉与西域的重要通道。政治的稳定、经济贸易的发展，大大促进了中西方的经济文化交流。西域将棉花、葡萄、胡桃等农作物传入中国的同时，也带来了西域的良马，大大提升了中国骑兵的作战能力；而中国的印刷术、火药、造纸术、指南针、金

---

① Ferdinand von Richthofen（1833—1905）.

② Ferdinand von Richthofen, *CHINA：Ergebnisse Eigener Reisen und Darauf Gegründeter Studien,* Berlin：Verlag von Dietrich Reimer,1877.

③ 翟宛华：《试述西汉对河西的开发》，《兰州学刊》1985年第6期；收录于甘肃省社会科学学会联合会、甘肃省图书馆合编《丝绸之路文献叙录》，兰州大学出版社1989年版，第2—3页。

属冶铸、穿井技术、瓷器、丝绸等也经由此路传至西方，尤其是丝绸等丝织品源源不断地销往中亚和欧洲，“丝绸之路”因此得名。

丝绸之路的兴起带动了经贸的繁荣，据《资治通鉴》卷二百一十六《唐纪》三十二记载：

> 是时中国盛强，自安远门西尽唐境万二千里，闾阎相望，桑麻翳野，天下称富庶者无如陇右。翰每遣使入奏，常乘白橐驼，日驰五百里。①

丝绸之路的繁荣在促进经贸交流的同时，也大大促进了中西方文化艺术的交流。西域的音乐、舞蹈、宗教艺术等沿着这条路传到了中国；与此同时，中国的音乐、儒家思想等也传到了西方。

“文化的交流实际上是各民族在各种形式的交流中相互影响，并分别作出各自贡献的过程。”② 这一点，尤其表现在丝绸之路沿线地域的文化上：这些文化，既受到了中原文明的影响，同时又有着来自印度、中亚、西亚文明的影子。

中华民族在与外民族交流的过程中，不断吸收外来文化，从而形成具有本民族特点的新文化。西北地区的石窟艺术就是典型的例子，“如面部安详，双目微闭，鼻梁直通额际，发呈波状等”，其中最重要的特征是，“衣褶用醒目的凸线表示，从身体的突出部分自然下垂，优美而自然，既表现出衣物的质感，又显露出人体的轮廓。这种犍陀罗风格，是古代东西方两大艺术体系相互影响的证明”③。

---

① （宋）司马光编著，（元）胡三省音注：《资治通鉴》第 9 册，中华书局 2013 年版，第 5789 页。

② 张广达：《论隋唐时期中原与西域文化交流的几个特点》，《北京大学学报》（哲学社会科学版）1985 年第 4 期；收录于甘肃省社会科学学会联合会、甘肃省图书馆合编《丝绸之路文献叙录》，兰州大学出版社 1989 年版，第 299—300 页。

③ 王冀青：《古代和田派美术初探》，《敦煌学辑刊》1984 年第 2 期；收录于甘肃省社会科学学会联合会、甘肃省图书馆合编《丝绸之路文献叙录》，兰州大学出版社 1989 年版，第 309—310 页。

这种中西方文化的相互影响，既不是传统意义上的谁替代了谁，也不是完全意义的兼收并蓄；而是从外来文化中多角度、多方面地吸收自己需要的部分，汲取有利于自身文化发展的营养，从而在文化交流的基础上，促进文化繁荣。

（三）海上丝绸之路的历史与回顾

“海上丝绸之路”一词，最早由日本学者三杉隆敏于1968年在其著作《中国瓷器之旅：探索海上的丝绸之路》[①]一书中提出，取代了之前的“陶瓷之路”。

作为中国古代与外国交通、交流的另一条重要通道，海上丝绸之路一般被认为形成于秦汉时期。西汉时期陆上丝绸之路的形成促进了西北边疆地区的发展，但是到了新莽时期，由于西域诸王与新朝中断关系，致使中西方陆路交通受到阻碍，促使海路进一步发展。

海上丝绸之路主要可以分为东海航线和南海航线两部分。

东海航线是指经由黄海、东海的海路，最终抵达日本、韩国、朝鲜等国的线路。最早可以追溯至周武王派遣箕子东渡朝鲜，传授养蚕织作。到了秦始皇时期，徐福率童男童女东渡日本，并传播养蚕织作。这是海上丝绸之路东海航线的早期形成。

南海航线是指以徐闻[②]、合浦[③]、广州、泉州为起点，经南海到达东南亚各国，并逐渐延伸至印度洋、波斯湾甚至非洲大陆的这条线路。在后文中，笔者提及并着重阐述的“海上丝绸之路”即为此条航线。

《汉书·地理志》记载：

> 自日南障塞[④]、徐闻、合浦船行可五月，有都元国；又船行可四

---

① ［日］三杉隆敏:《中国磁器の旅：海のシルク・ロードを行く》，東洋印刷株式会社1977年版。

② 今广东省湛江市徐闻县。

③ 今广西壮族自治区北海市合浦县。

④ 今越南顺化附近。

月，有邑卢没国；又船行可二十余日，有谌离国；步行可十余日，有夫甘都卢国。自夫甘都卢国船行可二月余，有黄支国，民俗略与珠厓相类。其州广大，户口多，多异物，自武帝以来皆献见。有译长，属黄门，与应募者俱入海市明珠、璧流离、奇石异物，赍黄金杂缯而往。所至国皆禀食为耦，蛮夷贾船，转送致之。亦利交易，剽杀人。又苦逢风波溺死，不者数年来还。大珠至围二寸以下。平帝元始中，王莽辅政，欲耀威德，厚遗黄支王，令遣使献生犀牛。自黄支船行可八月，到皮宗；船行可二月，到日南、象林界云。黄支之南，有已程不国，汉之译使自此还矣。①

《后汉书》卷三十三《郑弘传》记载：

建初八年②，代郑众为大司农。旧交趾七郡③贡献转运，皆从东冶④泛海而至，风波艰阻，沈溺相系。弘奏开零陵、桂阳峤道，于是夷通，至今遂为常路。⑤

隋唐时期，西域的战乱再一次阻断了陆上丝绸之路，海上丝绸之路借此再次兴起。到了两宋，由于政治中心的南移，加之造船和航海技术的不断进步，使得海上丝绸之路彻底取代了陆上丝绸之路，成为我国与外国交流的重要通道。此时的福建泉州因为充分发挥其挟南北两路对外交通之利的地理优越性，成为令东南沿海诸港口无法匹敌的"东方第一大港"。

---

① （汉）班固：《汉书·地理志》第八下，见（汉）班固撰，（清）王先谦补注，上海师范大学古籍研究所整理《汉书补注》第六册，上海古籍出版社 2012 年版，第 2857—2858 页。

② 83 年。

③ 七郡，即交趾（今越南北部红河流域）、九真（今越南中部）、日南（今越南中部）、苍梧（今广西壮族自治区梧州市）、南海（今广东省）、郁林（今广西壮族自治区贵港市）和合浦。

④ 今福建省福州市。

⑤ （南朝宋）范晔：《后汉书》卷三十三《郑弘传》，见（南朝宋）范晔撰，（唐）李贤等注《后汉书》第 4 册，中华书局 1965 年版，第 1156 页。

据吴自牧的《梦粱录》记载：

> 若欲船泛外国买卖，则自泉州便可出洋……若有出洋，即从泉州港口至岱屿门，便可放洋过海，泛往外国也。①

这一时期的海上贸易，除了向海外运送丝绸之外，还向海外输出大量的瓷器，如泉州德化的瓷器、福建北部建窑的瓷器、浙江的处州窑②瓷器、江西的景德镇瓷器等。因此，这一时期的海上丝绸之路也被称作“海上瓷器之路”。

明代初期，为了巩固统治，明政府采取了“休养生息”的政策。“海禁”下的朝贡贸易成为当时的对外贸易政策，虽然严禁私人出海，但是以郑和下西洋为代表的朝贡贸易，无疑使海上丝绸之路发展到了巅峰。从明永乐三年（1405）至明宣德八年（1433）的28年里，郑和率领船队七下西洋，先后到达的国家有30多个，在进行经贸交流的同时，也极大地促进了中外文化的交流。

（四）“一带一路”研究中的问题与思考

文化的传播总是相互的，无论是陆上丝绸之路还是海上丝绸之路，当大量海外文化传入中国的同时，中国的大量优秀文化也得以输出到海外。但是，在现阶段的相关研究中，不难发现研究的重点偏向于文化的向内传播，即通过“陆上丝绸之路”和“海上丝绸之路”传入到中国的文化；而中国文化通过“陆上丝绸之路”和“海上丝绸之路”向外传播，却是当今研究之中的弱项。如《2016“一带一路”文化遗产国际学术研讨会论文集》③共收录论文63篇，其中收录中国大陆学者论文55篇，台湾学者论文

---

① （宋）吴自牧：《梦粱录》，载陈建中、陈冬珑《德化瓷》，浙江人民出版社2009年版，第75页。

② 今浙江龙泉窑。

③ 郑长铃、王珊主编：《2016“一带一路”文化遗产国际学术研讨会论文集》，文化艺术出版社2017年版。

3篇，海外学者论文5篇。而在55篇中国大陆学者的论文中，对传至海外的中华文化存续现状研究的论文仅有5篇。因此，在进行“一带一路”文化艺术相关研究的过程中，我们要秉持内外兼顾的“双视角”理念，即在研究西方文化向内输入进行交流和传播的同时，也要兼顾到中华文化向外输出进行的交流和传播。

与此同时，即使是在“双视角”的理念下研究“一带一路”文化艺术的相关问题，也不能将陆上丝绸之路和海上丝绸之路割裂开研究。丝绸之路只研究“陆上丝绸之路”的相关问题或者是海上丝绸之路只研究“海上丝绸之路”的相关问题，难免会出现研究过于片面的弊端。因此，善于发现其中的联系，将陆上丝绸之路和海上丝绸之路连成一个整体，未尝不是一种新的尝试。“陆上丝绸之路的起点认定为洛阳，同时也是中国大运河上一个重要城市，而大运河的终点业已认定为宁波，与海上丝绸之路连接起来。就此，形成了一条由丝绸之路和大运河连接而成的中国古代与世界交流的大通道。”① 这条大通道不但将陆上丝绸之路和海上丝绸之路连为一体，同时也促进了国内文化的交流、传播与融合。这便是本文“双视角”研究中的内部视角研究，即在研究“一带一路”文化艺术由外向内和由内向外的双向研究的同时，也要关注到两条“丝路”内部的联系。

三、“一带一路”视域下的京杭大运河

京杭大运河最早起源于吴王夫差时期开凿的“邗沟”，后在邗沟的基础上逐步向南北两侧延长，成为今天的大运河。

吴王夫差于周敬王二十四年（前496）即位，直至周元王三年（前473）去世，在位23年间，筑邗城，开邗沟，破越败齐，开发长江下游一带，逐渐成为春秋末期的一位霸主。为了北上伐齐，他下令从扬州到淮安开凿一条沟通长江和淮河的运河——邗沟。

① 陶枫：《大运河，连世界为一体》，《光明日报》2011年1月4日。

清《乾隆淮安府志》中记载：

> 春秋时，吴将伐齐，与邗江筑成穿沟，曰渠水。首受江于江都县，县城临江；北至射阳入湖。杜预云：自射阳西北至末口入淮，通运道。其水乃自南而北，非自北入南也。[①]

到了隋朝，统治者为方便调兵及沟通南北漕运，在前代运河的基础上加深、拓宽，同时开凿一些新的运河，并将它们与之前的运河连接起来，一条贯穿中国南北的大运河由此形成。这条大运河西达长安，北至涿郡[②]，南到余杭[③]，总长2000多公里，将黄河、海河、长江、淮河和钱塘江五大流域连为一体，形成了以政治中心长安、洛阳为轴心，向东北、东南辐射的水运网络，不但实现了统治者最初调兵和沟通漕运的目的，也加强了南北的联系。

在大运河尚未贯通南北之前，我国的文化发展呈现出来的一直都是北强南弱的不平衡局面。从商周时期开始，中国的文化中心就一直在北方的黄河流域；到了西汉，随着丝绸之路的不断繁荣，西北地区的文化得到进一步的发展；隋唐时期，大运河的贯通加速了文化中心由北向南迁移的进程；直至两宋，文化中心由北方的黄河流域南移至江淮流域，并最终移到长江以南。可见，大运河的开通对南北方文化的交流和平衡起到了推动作用，而艺术作为文化最直观的表象，是南北方文化传播、交融与互动的生动体现。

“大运河这条交通和经济的大动脉，把古代中国北方的政治军事重心与南方的经济重心联系起来；把西北关陇军事重镇与江南财富紧密联系

① （清）《乾隆淮安府志》卷六《运河志》，转引自朱偰编著《大运河的变迁》，江苏人民出版社2017年版，第7页。

② 今河北省涿州市及北京市部分区域。

③ 今浙江省杭州市。

在一起”[①]，同时，把陆上丝绸之路与海上丝绸之路也连为一个整体。更值得一提的是，大运河也为中原人南迁东移提供了可能。无论是西晋时期的“永嘉之乱”，唐中后期的“安史之乱”，还是北宋时期的“靖康之乱”，历史上每一次大动乱都会导致人口的大规模迁移，而在每一次大规模迁移中，水运都起到了不可忽视的作用。在这一次次人口迁移的过程中，文化艺术也得以“艺随人走”。从隋唐到两宋，政治中心沿着运河逐步从西北移向东南，而中原的乐舞也通过同样的路线，传播至东南地区。同时，正如前文所述，文化艺术的交流与传播总是相互的，中原文化传至江南的同时，南方的文化也得以传到西北。随着运河的走势，文化艺术的传播和交流也呈现出了自北向南、自南向北的双向传播的局面。

在促进区域间文化交流的同时，大运河的开通也促进了沿线城市的崛起，市井的繁荣促使那些从中原传来的宫廷文化艺术逐渐走向民间；而这些走入民间得以发展和“再创造”的文化艺术，又可能在特定的条件下重新回到宫廷，这就形成了文化艺术交流、传播过程中的一个循环。与此同时，那些沿丝绸之路从西域传来的文化艺术，经过与中原文化的交流和融合，早已形成一种新的文化表现形式，这种新的文化表现形式，也通过大运河传播至东南地区，得以生根发芽，开花结果；而随着海上丝绸之路的兴起和繁荣，这些文化艺术也可能重新传播回海外，形成文化艺术交流、传播过程中的另一个循环。这两个循环能够形成，京杭大运河的开通功不可没。

上述两种循环的发现，正是由于在研究“一带一路”文化艺术传播问题的过程中秉持了“双视角”的研究理念，即从外部和内部两个维度去观察文化事象，思考相关问题。

---

① 王宁宁：《从隋唐大运河视角俯瞰——古代政治文化中心东移与乐舞形态格局嬗变》，载郑长铃、王珊主编《2016“一带一路”文化遗产国际学术研讨会论文集》，文化艺术出版社 2017 年版，第 496 页。

四、总结

无论是今天所倡导的“一带一路”，还是历史上客观存在的陆上丝绸之路和海上丝绸之路，都在加深经贸往来的基础上，促进了人类文明的交流，推动了人与人之间精神上的沟通和心灵上的碰撞。而在这个过程中沉淀至今的沿线国家的非物质文化遗产，正是在这条大的文化线路中与历代民众的生产、生活实践最为密切相关。

中国自古以来，就有着求同存异、和谐共存的“和而不同”的价值理念，以及超越国家和民族的“天下大同”的历史责任感。2012 年，党的十八大报告中明确指出：“要倡导人类命运共同体意识，在追求本国利益时兼顾他国合理关切，在谋求本国发展中促进各国共同发展。”①

在新时代的背景下，“‘一带一路’建设承载着促进沿线国家经济繁荣、加强不同文明交流互鉴、促进世界和平发展的使命，从时代潮流、历史地理禀赋、现实需求、沿线国家人心聚合等因素来看可谓恰逢其时、充满机遇”②。而新时代的文化“丝绸之路”，不但可以促进经济贸易的交流和发展，而且能凸显文化的交流，从而进一步推动人类命运共同体的建设。今天，在推动“一带一路”文化艺术交流时，我们不仅要以史为鉴，继承传统，更要结合今天的时代特点，加大力度讲好中国故事，做好相关的研究，从而更好地促进民心相通，进一步推动“一带一路”建设。与此同时，我们也要涵化外来文化，取其精华，洋为中用，以便更好地促进我们的发展，推动世界文明的交流。

---

① 胡锦涛：《坚定不移沿着中国特色社会主义道路前进 为全面建成小康社会而奋斗——在中国共产党第十八次全国代表大会上的报告》，《人民日报》2012 年 11 月 8 日。

② 陈岳、蒲傅：《构建人类命运共同体》，中国人民大学出版社 2017 年版，第 119 页。

传统文化的当代审视——从陈旸《乐书》谈起*

一、陈旸与《乐书》

（一）《乐书》——回归上古礼乐制度的理想国

陈旸，福建福州人，祖居闽清漈上。宋哲宗绍圣元年（1094），中“贤良方正能直言极谏科”进士，授节度使推官，签判[①]顺昌府。宋徽宗建中靖国元年（1101），进《乐书》，上迁太常丞，进驾部员外郎，为讲议司参详礼乐官。宋徽宗政和二、三年（1112—1113），言事放归，时年四十五六岁。《乐书》是陈旸的心血之作，共200卷，分为训义、乐图论、十二律、五声八音、歌、乐舞、杂乐、五礼等部分。

北宋后期，社会问题严峻，外有异族频繁侵扰，民族矛盾尖锐，内有财政危机，政治腐败，社会矛盾激化。面对这样的现实，陈旸基于“礼乐并行于世”的理想，编纂了《乐书》，主张恢复三代礼乐文化。《乐书》不

* 本文原载于王学典主编《第八届世界儒学大会学术论文集》，文化艺术出版社2018年版。

① 参见龚延明编著《宋代官制辞典》，中华书局1997年版。签书判官厅公事，幕职官名。从八品，皆以京官充，位在诸使判官（选人充）之上。

仅是一本儒家音乐典籍，还反映了更高层次的治国理想——明经正乐，以求治世之功。

首先，《乐书》重视礼乐的治世功能。《乐记》中载“乐者为同，礼者为异”，“乐者，天地之和也。礼者，天地秩序也”。陈旸认为，“礼乐”是王朝“治体”之根本，“六经之旨同归，莫先礼乐”（进《乐书》表）；“先天下而治者在礼乐，后天下而治者在刑政”（《乐书·序》）；而“礼因天泽而制，乐象地雷而成，实本自然，非由或使。帝王殊尚，不相袭而相沿；文质从宜，为可传而可继”（进《乐书》表）。

其次，陈旸崇尚三代礼乐制度，主张恢复三代礼乐文化。陈旸在《乐书》中直言：“臣因五礼之实辨六乐之用，庶几礼乐并行，有以形容太平之极功也，岂不盛哉！”他对“古礼”仪式的执意和尊崇，无疑是要在“古礼”的规制下让“乐”发挥最实在的，至少陈旸认为本来就具有的社会政治功用，即“礼”为实，“乐”为用。

最后，《乐书》强调“乐制”与“乐用”。陈旸强调“制”的规范和“乐用”的观念。他极力论证的是“乐”作为制度应该具备的规范特征和维持秩序的作用，强调“乐”的仪式的重要性，通过这种仪式的规范来确立“乐”在国家政治事务中的崇高地位，也借此说明其追求礼乐制度的完备对于儒家知识分子而言是一项高尚的行为。

综观两百卷的《乐书》，陈旸对政治秩序的良好愿望是崇高的，面对黑暗的社会现实，他秉持着儒家知识分子的济世之心，用上古礼乐制度构筑了一种“礼乐治国”的理想。

（二）现实——“储之秘府，久而未彰”①的命运

陈旸《乐书》虽然著述质量颇佳，创作精神也值得称道，但是该书的最终命运却是“储之秘府，久而未彰”。这样的结局固然是因为在徽宗时期，统治者已不再视礼乐制度为支撑王朝声誉和统治秩序的手段，更重要的是，面对北宋社会的快速发展，陈旸的主张已显得“不合时宜”。

---

① 《乐书·跋》所附迪功郎、建昌军南丰县主簿林宇冲附言。

从唐朝中期开始的社会变革，到宋朝完全定型。由门阀士族和部曲、奴客、贱民、番匠、奴婢等组成的旧的阶级结构，到宋朝终于转变为由官僚地主和佃户、乡村下户、差雇匠、和雇匠、人力、女使等组成的新的社会阶级结构，这是中国封建社会内部阶级关系的一次重大变化。在此基础上，宋代生产力发展取得了前所未有的成就，世态风情、生活风尚、民间流俗比前代更加异彩纷呈、绚丽多姿。宋人无论在人生理想、精神境界、审美意识、价值观念还是社会心态，乃至生活情趣等方面，自与前代不同。刻板印书业及造纸技术的发展，使书籍的流通量得以扩大，加之宋代较为宽松的文化政策和科举的动力，宋代文化在中国封建社会的历史长河中达到了前所未有的高度。

“北宋的士大夫，有知识，学法律，明吏道，对国家大事的认识，有一定深度，故言事多能切中时弊，从而增加了他们对于国家大事的兴趣和干预的信心。”① 他们参政、议政的积极性很高，以天下事为己任，对国家大事，必直抒己见，章凡数上，争辩不休，激烈交锋，蔚成风气。至仁宗时，台谏权势最盛，士大夫积极参政、言事成风而无杀身之虞②，这种风气限制着相权，也制约着皇权，使与皇帝共治天下的士大夫代表面更为宽广。

陈旸如此热衷礼乐制度，固然和他朝廷礼部官员的身份有关，但他作为“士”，个人的价值观仍是一个不容忽视的因素。包弼德先生把中国9世纪到北宋晚期的“士”称为“学者官员”，并进一步指出：

> 当宋朝国初的君主支持士，我认为，他们这样做是因为士是心甘情愿的下属，没有独立的权利，依赖于至高的权威来获得政治地位，而且他们是出于对文官文化的追求来履行职责，这对于中央权威的制度化，其价值之大，无法估量……为了实现他们的政治和社会野心，

① 张其凡：《宋初政治探研》，暨南大学出版社1995年版，第2页。

② 北宋有一惯例：不杀大臣及言事官。

> 士倚仗更高的权威去重建一个国家的社会政治集团，并把他们自己置于集团的顶端。这样一来，在所有的政治成员中，他们的利益最接近皇帝的利益：两者都相信他们将通过中央集权获益。①

陈旸极力强化君主至尊的地位，是作为弱势政治角色维护政治秩序的方式，体现的还是“官员”的价值取向。

然而，11 世纪末，“更多的人开始坚持认为一个优秀的士德行高于仕宦，或者说为学的一生使做官变得不那么必要”②。虽然这期间最有影响的思想人物仍是王安石，但在没有政治权利的民间思想世界中已呈现出一种高调的道德理想主义与文化保守主义的思想趋向，并以此来追究政府行为在伦理上的合理性——与“绝对的皇权”相抗衡。③其中最具代表性的是程颢、程颐两兄弟。和程氏兄弟主张用“理”来制约皇权的理想主义思想相比，陈旸的建议显得更为保守——他祈求用全面恢复上古三代的礼乐制度来维护皇权，而民间的思想潮流则是用“理”来制约皇权。④或许正是因为与时代潮流相悖而行，陈旸用礼乐构筑的乌托邦只能成为幻影。

陈旸在当时的时代背景下，看到了社会乱象，出于作为知识分子的理想担当与儒家传统价值观，提出了对社会结构的理想化构想。可是，现实社会是不断发展的，所以陈旸对重构礼乐制度、回归三代社会秩序的希望，只能是他自己的理想。当然，处于当时的时代背景下，他的理念是可以理解的，但是这样的构想已经不适应社会发展，所以他的理想注定不能得到当时统治者的认可，他的价值观也不能得到广泛的认同。

---

① 张其凡:《宋初政治探研》，暨南大学出版社 1995 年版，第 57 页。

② 张其凡:《宋初政治探研》，暨南大学出版社 1995 年版，第 77 页。包弼德先生在《斯文：唐宋思想的转型》“士的转型”一章中对此有详细论述。

③ 参见葛兆光先生在《中国思想史》中对“文化重心与政治重心的分离”的论述。

④ 参见葛兆光《中国思想史》第二卷《七世纪至十九世纪中国的知识、思想与信仰》，复旦大学出版社 2000 年版，第 313 页。葛兆光先生认为是为了保护国家与民众之间的“宗族社会”与“士绅阶层”的存在。

二、传统文化复兴热潮下的思考

陈旸复兴上古礼乐制度的探索虽然失败了，却给我们留下了宝贵的启示——对传统的复兴应该立基于当代社会的发展。

实际上，对传统的继承与弘扬，一直是一个经久不衰的话题。今天，伴随着国家综合国力的提升、民族自信心的提升，大家对中华传统文化的讨论越发热烈而迫切。传统文化的复兴成为无人不谈的话题，甚至在国家宏观战略构建中占据了重要的地位。十八大以来，中华优秀传统文化成为习近平总书记治国理念的重要来源。习近平总书记多次强调中华传统文化的历史影响和重要意义，赋予其新的时代内涵：从参观孔子故里，到参加世界儒学大会；从组织政治局集体学习传统文化，到在联合国教科文组织总部发表关于文化复兴的讲话……在多个场合展现出了对传统文化的高度重视。

党和国家高层领导一而再、再而三地不断推动，终于在整个社会形成了复兴传统文化的风气：轰轰烈烈的“国学热”兴起了，一所所孔子学院成立了，各种形式的传统文化保护运动应运而生了……仅就孔子学院来看，截至 2016 年 12 月 31 日，有关机构已经在全球 140 个国家（地区）建立了 512 所孔子学院和 1073 个孔子课堂，从数量和规模上看，可谓成果斐然。

从国家到社会层面对传统文化重视与推崇无疑是令人欣喜的。然而，当我们冷静下来，审视这些纷繁复杂的文化事项，我们珍贵的传统文化，真正传承下来的到底有多少？这样的文化热潮，确实实现了对传统文化的复兴与保护吗？实际上，答案并不那么乐观。

在当前轰轰烈烈的文化复兴浪潮中，存在着许多不容忽视的现象。

首先，有形无神，对传统文化的继承与复兴仅仅停留在形式，而忽略了更为重要的内容。如许多人吃着昂贵而美味的粽子和月饼，却不知道端午节、中秋节的来历，忽略了传统节日背后的内涵。又如近年来雨后春笋般出现的各种国学班、儒学班，不乏滥竽充数之辈，收取高昂的费用，让孩子们穿着汉服，背诵《三字经》《弟子规》，对儒家经典的内容却不求甚解。这种流于形式的做法，看似声势浩大地弘扬传统文化，但能否真正促进民众对中华民族优秀传统文化的理解和认同，促进社会的精神文明建设，还要打上一个问号。传统文化之所以如此重要，是因为它是中华民族几千年智慧的结晶，凝聚着丰富的精神文化内涵，如果我们只注意到外在形式的修复，而忽略了更重要的内容，所谓的文化复兴必然只是虚有其表。

其次，“泥沙俱下”，对传统的一切内容都予以高度推崇。传统文化是一定历史时期的产物，是基于当时的时代、社会背景而创造出来的物质财富与精神财富，随着社会的进步，其中的一些内容必然会因为不适应社会发展而被淘汰。对于这样的内容，一味复古只能导致“水土不服”，复兴不仅无益，反而有害。近期引发社会关注的所谓“女德”教育，便是典型的例子。“男人谈大事，女人不能插嘴”，“受家暴了一定要忍，因为挨揍的人，身体好，不容易得病”……女德讲师将束缚女性、奴役女性、压迫女性的封建糟粕，包装成优秀传统文化，堂而皇之地搬上演讲台，甚至走进高校，不仅与社会文明发展相背离，也令真正值得传承和发扬的优秀传统文化蒙尘。片面地鼓吹传统文化，只会成为狭隘的复古主义和文化保守主义。

再次，唯利是图，对传统文化的态度流于功利。一些地方只看到了文化资源的经济价值，却忽略了更重要的文化教育价值，“文化搭台、经济唱戏”的口号屡见不鲜：有的将弘扬优秀传统文化与发展文化产业画等号，只顾大力兴建文化场馆、文化产业园区；有的将文化遗产的申报当成了注册商标，申报成功后，便将重点转移到开发利用上，重申报、重开发、轻保护的现象时有发生；还有的将地方民俗、祭祀仪式等改造成为旅游表演项目，使其严肃性与精神内涵被消解，因为经济利益而产生的关于文化资源、名人故里的争端也层出不穷。随着文化热潮的兴起，还有一些人假借传统文化之名敛财，通过开办社团、收费培训机构等方式“挂羊头卖狗肉”，从事违法犯罪活动。以这种功利化的倾向对传统文化的弘扬显得浮躁浅薄，缺乏厚度和重量。

最后，戏说曲解，以娱乐化、庸俗化的手段消费传统文化。随着文化产业、大众娱乐的快速发展，传统文化作为资源转化为文化产品被民众消费成为必然的趋势，但是在这一过程中，过度娱乐化、功利化产生了消极的影响。一些人假借解放思想之名，肆意歪曲历史，抹杀历史真相，以混淆视听，企图消解主流意识形态；一些人高举文化创新的旗帜，随意恶搞历史事实，解构历史人物，颠覆文化常识。为了吸引观众，影视作品随意篡改史实，网络游戏中，历史人物被肆意恶搞，这种对传统文化的过度消费，丧失了对历史、对文化应有的尊重，扭曲了优秀传统文化的精神内涵。文化不应该成为娱乐的附庸，将传统文化变成娱乐至死的舞台，只会导致文化精神的枯萎。

可想而知，上述这样的“文化复兴运动”，是不能对中华传统文化的继承发展、中华民族的伟大复兴起到真正作用的。今天，我们或许需要更冷静地思考：什么是传统文化？传统文化的复兴究竟指什么？

实际上，中华民族的传统文化，并不单纯指经史子集，也不局限于儒家经典，它是中华民族几千年创造出的物质财富与精神财富的总和，涵盖了政治、经济、文化等各个领域，贯穿于衣食住行诸多方面。而中华传统文化中活态的、真正有价值的部分，都凝聚在民众的日常生活之中，凝聚在我们的深层传统里，通过典籍、仪式、节庆等形式，在民众的世代相传中得以延续，诸如我们对孝道的重视、对诚信的尊崇、己所不欲勿施于人的宽容等。

今天的文化复兴运动之所以出现种种问题和乱象，究其原因，一是对传统文化的认识不够，没有真正认识到保护传统文化的重要性和紧迫性，同时急于求成，没有认识到文化传承的长期性、持续性；二是缺乏引导和规范，某些行政主管部门在弘扬传统文化的过程中，未尽到责任，传统文化的传承发展缺乏政策资金支持和有效的市场监管；更重要的是对传统文化的转化不够，没有根据时代发展需求，对中华传统文化进行创造性转化，并促进创新性发展。

今天，要继承和复兴中华民族优秀的传统文化，除了要让民众了解传统文化，知其所以然，建立起对自身文化的认同与自信之外，更重要的是要挖掘传统文化的当代价值，让传统“活”起来。千百年前，陈旸《乐书》的探索已经告诉我们，无论何时，复兴民族文化都不是要回归传统社会，而是要立足当代，挖掘传统文化资源，推动当代社会的发展。我们真正需要做的是，深深扎根于传统文化的土壤中，去吸收优秀基因，为当代实现“再创造”。

三、中华传统文化的创造性转化和创新性发展

近代以来，中华民族饱经风霜，在频繁战乱与政治动荡的倾轧之下，中华传统文化经历了有史以来最残酷的冲击。随着民众生产生活方式的转变，我们的传统文化正因为失去生存的土壤而逐渐衰亡、消失，“传统”似乎在名为“现代化”的洪流之中渐行渐远。

然而，正如我们不能抛却昨日只谈今日，中华民族的传统文化蕴含着本民族独有的文化基因和传统记忆，它或表现为物质的成果，或表现为具体的行为方式、礼仪、习俗，体现了特定民族的独特思想、情感、意识、价值观，而这些恰是民族和社会得以延续的命脉和发展的源泉，是该民族赖以存在和发展的根本。当代社会的发展立基于传统社会，抛弃民族的传统文化，就如同抽去了脚下的基石，随之而来的是茫然无依的混乱与失落。正因为意识到这一点，今天我们才回过头来，重新审视自己的来处，审视自己民族的文化遗产。

实际上，从 20 世纪 80 年代开始，我国的民族民间文化保护工作就已经拉开了序幕，从民族民间文化保护工程，到对传统村落、非物质文化遗产等的保护，我们对传统文化的认识正逐渐进步和完善，从强调固守传统到认同合理利用，正是一个重要的转变。

美籍华裔历史学家余英时先生曾说过：“传统是在不断阐释中存在的。

经过阐释的传统才是有生命力的传统。”[①] 在现代化的今天，我们重视传统文化，不仅因为它记载了中华民族发展的历史，更因为它具有无与伦比的价值，传统文化中蕴藏着丰富的文化资源，可以为当代社会文化的发展提供充足的资源与动力。正如前文所说，对传统文化的重新审视并非意味着要机械地复刻传统，对优秀传统文化的继承和弘扬也不能仅仅停留在形式和表象，而应该让传统中的有益成分在当代重新发挥作用。要在适应当代社会发展的前提下，去重新寻求传承保护优秀传统文化的思路和手段，只有如此，才能实现中华文化的创造性转化与创新性发展。

一方面，就是要将优秀的文化遗产转化为文化资源，使其成为文化生产力，让传统真正“活”起来。中华传统文化种类繁多、内容丰富，是当代文艺创作的良好内容与素材，是文化产业发展的重要资源。习近平总书记在文艺工作座谈会上曾经指出：“中华优秀传统文化是中华民族的精神命脉，是涵养社会主义核心价值观的重要源泉，也是我们在世界文化激荡中站稳脚跟的坚实根基。”[②] 由于传统文化具有的独特意义，合理利用传统文化资源创作出来的文化产品，天生就具有丰富的文化内涵，它会生动地体现出中华民族的价值观，不仅符合中国人的审美趣味，容易获得国人认同，也对促进中华文化的传承传播有积极的作用。近年来，不论是以传统文化为主题创作的大型山水实景演出，还是博物馆、文物保护单位开发的各种文创产品，再到诸多传统文化题材的影视作品，相关的成功探索已不胜枚举。

另一方面，就是要在继承传统的基础上，根据社会发展的需要对传统文化进行“再创造”，从而促进中华文化的不断发展。中华传统文化，并不是凝固在某一历史时期的文化，它是几千年来中华民族在与自然和历史的互动中不断创造的积淀，是人类创造力和文化多样性的生动体现。文化的生命力在于创新和变革，一个民族的传统文化只有在创新与变革之中才

---

① 陈致访谈：《余英时访谈录》，中华书局 2012 年版，第 207 页。

② 中共中央宣传部编：《习近平总书记在文艺工作座谈会上的重要讲话学习读本》，学习出版社 2015 年版，第 28 页。

能与社会发展相适应，才能生生不息地传承下去。传统文化的传承和发展本身，就是社会文化发展的组成部分。因此，要继承和弘扬中华民族的优秀传统文化，实现中华民族的伟大复兴，除了要将传统文化转化为文化资源之外，还应该结合社会发展的需要，为传统文化注入新的时代内涵。一是要根据时代特征和要求，对优秀传统文化加以改造，赋予其新的、当代民众乐于接受的表达形式；二是要根据时代的进步和发展，对优秀传统文化的内涵加以补充和完善，建立起优秀传统文化的当代体系。比如今天我们倡导的社会主义核心价值观，就是中华传统价值观念在当代的新发展，通过梳理和萃取中华文化中的思想精华，对其做出通俗易懂的当代表达，赋予传统文化新的时代内涵，使之与中国特色社会主义相适应。①

总而言之，通过创造性转化与创新性发展，中华民族优秀的传统文化才能在继承中发展，我们的非物质文化遗产、物质文化遗产，还有经典中蕴藏的思想、融合在不同文化类型中的智慧，才能为现代社会的发展服务。

四、路漫漫其修远兮

中华传统文化是一个巨大的宝库，我们曾拥有珍宝而不自知，也曾胡乱地挥霍，所幸的是，醒悟为时未晚。复兴中华优秀传统文化需要长期的努力，需要教育、媒体等多种渠道的推进。

复兴中华传统文化，要做的还有很多。从宏观来看，应加快制定弘扬中华优秀传统文化的中长期规划，确保文化建设的正确方向；构建优秀传统文化的当代体系，为弘扬优秀传统文化提供坚实的理论基础。落实到具体实践，要促进中华传统文化的实践运用，从传统文化中寻找解决当代问题的方法；在文化与经济的融合发展中，增强传统文化的内在生命力；要重视传统文化教育，发挥传统文化的导向规范作用，提升社会对传统文化

① 参见《关于培育和践行社会主义核心价值观的意见》，人民出版社 2013 年版。

的认识。如何应用现代科技做好传统文化资源的搜集整理工作，运用媒体、影视、游戏等方式促进文化资源的合理利用，通过衣食住行的熏染强化民众对传统文化的认同，这些都是我们应该不断探索与思考的。

当然，传统文化传承的链条毕竟经历过冲击和断裂，对中华传统文化乃至整个文化生态的修复，需要长期的努力，不能操之过急。路漫漫其修远兮，文化生态的修复是一个润物细无声的过程，对中华民族优秀传统文化的传承，对中华民族的复兴，还应该少一些浮躁，多一些努力，也多一些耐心。

中华文化海外“泛家族”式传承传播初探
——以马来西亚适耕庄福建会馆南音复兴为例*

一、题解

中华文化的海外传播历史已有千余年，从箕子东渡朝鲜、徐福东渡日本，到张骞出使西域、法显和玄奘西天取经，千百年的时间里，中国人通过人员往来、贸易、宗教等途径，将中华文化直接或间接地传至海外，对海内外都产生了重要的影响。移民，作为人员往来的重要途径之一，在中华文化海外传播的过程中自然也起到了重要的作用。从古至今，历代移居至海外的中国人与当地居民杂居相处，他们不但带去了中华民族的生产和生活方式、精神信仰等，也让中华文化流播海外，为中华文化在海外的传承传播做出了重大贡献。

随着中国人移居海外，那些海外的华人家庭，也会像中国传统的社

* 项目来源：福建省社科研究基地项目重大项目“海上丝绸之路与南音文化海外传播传承调查研究”（2014JDZ045）、中国艺术研究院文化发展战略研究中心课题“中华文化海外传播传承调查研究”。本文原载于《交响：西安音乐学院学报》2019 年第 4 期。

会结构一样，由于血缘关系和姻缘关系而不断扩大，直至形成新的社会组织——家族。所谓家族，“是指同一个男性祖先的子孙，虽然已经分居、异财、各爨，成了许多个体家庭，但还是世代相聚在一起（比如共住一个村落之中），按照一定的规范，以血缘关系为纽带结合成为一种特殊的社会组织形式”[①]。这些家族为了能够在海外更好地生存和发展，往往会将中华文化与其居住地文化有机结合，在维护其自身利益的同时，也让中华文化在海外得以传承和延续。

然而，中国人对“家”的概念，就如同中国文化的包容性一样，并不是范围固定且封闭的。正如费孝通先生所言，在中国的乡土社会之中，“家”这个群体没有严格的界限，是可以根据其成员的需要，沿着亲属关系的“差序”[②]而逐渐向外扩大的。并且这种“家”文化，不仅仅表现在家族群体的内部，也会随着“家”文化的泛化而被泛化到家族以外的社会组织中。笔者认为，“华人世界”诸如社团、机构、企业这样的组织都可以看作是“家”的扩大，因此，在企业管理等相关研究领域中，常常会看见“泛家族式企业”这样的概念。这种“泛家族”文化，在海外华人社会中同样也具有一定的影响力，并且笔者认为，这种“泛家族”文化对于中华文化在海外的传播和传承，起到了尤为重要的作用。

二、南音及其在东南亚的流播

从16世纪、17世纪开始，欧洲殖民者对东南亚进行殖民开发，直到19世纪中叶这两百多年的时间里，随着中国政府海禁政策的变化，大量沿海地区的华人纷纷出海“下南洋”谋生，掀起了中国人移民东南亚的第一次大潮。随后，从19世纪中叶到20世纪初，从20世纪初到20世纪50年代，从20世纪80年代迄今，又产生了三次中国人移民东南亚的大潮。[③]

---

① 徐扬杰:《中国家族制度史》，人民出版社1992年版，第4页。

② 参见费孝通《差序格局》,《乡土中国》，北京出版社2005年版。

③ 参见庄国土《论中国人移民东南亚的四次大潮》,《南洋问题研究》2008年第1期。

根据台湾有关部门2012年的相关统计数据，东南亚地区的华人华侨数量约为2900万，约占全球华人华侨总数的69%。东南亚地区的大多数国家都有数量庞大的华人华侨，其中，新加坡50%以上的人口为华人华侨；马来西亚20%以上的人口为华人华侨；在泰国和文莱，华人华侨的比例大概占其国内人口总数的10%；而在其他的东南亚国家，华人华侨的占比均不到当地人口总数的5%。①

而在这些东南亚国家的华人华侨中，闽南人在其中占有不小的比重。如新加坡和马来西亚三分之一的华人华侨是闽南人；缅甸的华人华侨中闽南人的比例能达到四成；印度尼西亚超过半数的华人华侨是闽南人；菲律宾的华人华侨中的闽南人更是达到九成。②

移居到东南亚的华人华侨，自然也随之带去了他们原有的生产、生活方式和信仰习俗，并且随着他们在异国的长期生活，这些生产、生活方式和信仰习俗又与当地文化相融合，形成了独具特色的东南亚华人文化。因为闽南人在这些东南亚华人中的占比相对较大，故闽南文化成为东南亚华人文化中的重要组成部分，成为东南亚华人文化主流。通过一定的文化表现形式，不仅能够看到故乡的影子，更能看到这些人在东南亚打拼之不易。在众多的文化表现形式当中，作为极具闽南文化特色、携带闽南文化记忆、能够唤醒闽南文化认同的“乡音”——南音，在闽侨心中一直都有着不可撼动的地位。

南音，古称弦管，亦称南曲、南乐、南管等，是中国优秀传统艺术典型代表形式。作为中国古乐的当代遗存，南音因其古方言曲词、古老乐器形制和记谱体系、丰富的曲目积淀而被誉为“活化石”。南音渗透于闽南文化圈社会生活的诸多方面，与民众的生产生活、精神信仰紧密相关，是岁时节令、人生仪轨不可或缺的重要内容。

---

① 资料数据译自美国兰德公司2018年10月发布的研究报告《在“一带一路”的黎明之中：中国与发展中世界》。RAND Corporation, *At the Dawn of Belt and Road: China in the Developing World*, 2018,p.54.

② 参见康海玲《海上丝绸之路上的戏曲传播》，文化艺术出版社2017年版，第109页。

南音由“指”“谱”“曲”三大类组成，就现在常见的表演形式来说，有上、下四管之分，其中还有“嗳仔指”、洞管、品管等不同组合。南音演奏、演唱形式为右琵琶、三弦，左洞箫、二弦，执拍板者居中而歌，这与汉代“丝竹更相和，执节者歌”的相和歌表现形式相似。也许就像当初随着中原移民东移南迁至古代泉地一样，随着闽南人“下南洋”，南音也被带到了东南亚。南音，作为全球闽南人不改的乡音，其足迹遍及世界各地，在海内外弦友和华人社群的共同努力下扎根繁衍，传承不息，已成为连接海内外华人华侨的文化纽带。

以马来西亚为例，早在19世纪80年代就有华人建立了南音社团。1887年成立的吡叻（霹雳）太平仁和公所是目前已知的马来西亚成立最早的南音社。紧接着，巴生永春会馆（又称巴生雪兰莪永春公所）于1890年成立南音组。马来西亚独立前成立的南音团有马六甲同安金厦会馆（1931）、沁兰阁、云林阁、马来西亚渔业公会音乐组、太平锦和轩（1945）、安顺福顺宫。马来亚独立后，又陆陆续续成立了吉兰丹仁和南乐社（1960）、吡叻（霹雳）太平仁爱音乐社（1964）、新文龙永春会馆（1978）、马六甲桃源俱乐部、雪兰莪适耕庄云霄南音社、巴生雪兰莪同安会馆南管音乐组（1978）、巴生螺阳音乐社、巴生浯声协进社、江沙艺群音乐社、江沙仁和公所、班达马兰新韵音乐社、峇株巴辖南乐社、马六甲晋江会馆、马六甲兴安会馆、怡保福建会馆、峇都牙也福建会馆等。① 可以毫不夸张地说，在马来西亚南音遇到困境之前，只要有闽南人聚居的地方，就可以听到南音。

三、适耕庄南音传承传播的历史与现状

适耕庄，位于马来西亚雪兰莪州西北部滨海区沙白安南县，因为既

① 参见［马来西亚］瓜雪暨沙白县福建会馆《瓜雪暨沙白县福建会馆南音乐团成立五周年及马来西亚国际南音汇演特刊》，2011年7月。

有一大片辽阔平坦而又肥沃的稻田，又有渔产丰富的海港，故享有“鱼米之乡”的美誉。适耕庄由四个村庄组成，其中三个垦殖村，一个渔村（海口），华裔人口占全部人口的70%。早在20世纪二三十年代，英国殖民者就来到这里；60年代之前，这里一度成为“黑区”。1957年，马来亚获得独立，适耕庄大概从60年代开始得到开垦，人口开始逐渐增多。

据适耕庄的老人介绍，适耕庄刚刚被开垦时并没有什么娱乐活动，人们过着日出而作、日落而息的简朴生活。后来为了满足婚丧仪式以及民俗节日活动的需要，组建了“永春花鼓队”，并邀请了当时巴生“福裕”的老板黄吉珠老先生指导南音，之后又聘请颜培山老师任教数月，学员日益增加。

随着南音学员的日益增加，为了丰富生活、休闲娱乐，也为了寄托对故乡的思念，适耕庄的闽南华侨于20世纪70年代集资创办了“云霄南音社”[①]。闽南华侨们利用工作之余，聚在云霄南音社听南音、学南音、玩南音；在弦管古朴优雅的曲调中，回忆故乡的小巷、红砖厝；在忙碌的生活中获得片刻的宁静。随着云霄南音社在适耕庄的影响越来越大，30位年轻的沙白华裔女子，在长期的耳濡目染之中爱上了南音，并在几位技艺高超的南音前辈的指导下开始学习“四管”和唱腔。

但是，令人遗憾的是，这样的光景并没有持续太久。随着20世纪80年代马来西亚南音的日渐式微，云霄南音社也在这股大的浪潮下，由于资金不足难以维持，而宣告解散。

时隔20多年之后，2006年初，时任巴生福建会馆的李玉书会长提倡重振南音。同年，时任瓜雪暨沙白县福建会馆的陈观福会长，也将重振南音的事宜提上了议程，并将停顿多年的南音重新发扬起来。在瓜雪暨沙白县福建会馆和适耕庄弦友们的共同努力下，瓜雪暨沙白县福建会馆南乐团（以下简称“福建会馆南乐团”）终于在2006年7月14日成立了。[②]团长

① “云霄南音社”寓意为南音为天上之乐，与中国福建云霄县无涉。

② 活动手册载明：活动时间为2006年7月14日，活动实际举办时加印了插页，载明时间为7月16日。

由福建会馆的会长陈观福担任；副会长是福建会馆的前任妇女组主席李秀菊；艺术顾问是来自中国台湾的林素梅；指导教师有颜秀格、颜玉宝、颜美华，这几位祖母级的指导老师，正是当年受云霄南音社影响而爱上南音、学习南音的沙白华裔女子。当年闽南人把南音带到适耕庄，潜移默化地传播给当地民众；现如今，那些当年学习南音的当地民众，回过头来在此传承南音、教授南音。这不禁令人感叹命运之神奇，也惊叹南音如此强大的吸引力和生命力。

值得一提的是，福建会馆南乐团除了几位祖母级指导教师外，还聘请了中国泉州的年轻南音好手李真棉前去执教，为适耕庄培养了大批南音新苗，也为适耕庄的南音带去了新的希望。后来，李真棉老师遇到了各种各样的困难，被迫无奈，不得不离开适耕庄，回到中国。

适耕庄南音最大的亮点在于南乐团中的那些青少年团员，这些青少年团员多数是通过家里长辈的介绍或是因为对南音感兴趣而加入。他们在各自家长潜移默化的影响下，或从小学习南音，或半路改学南音。如多次在福建会馆南乐团活动中演奏洞箫的少年蔡煜勤，据他的外祖母颜秀格介绍，他小的时候学习的是电子音乐，但是在其成长过程中长期受家人影响，尤其是受外祖母颜秀格的影响，使他最终放弃学习电子音乐并改学南音。这位祖籍福建永春的颜秀格，通过潜移默化的影响，不仅影响了外孙蔡煜勤，也使其他四位孙辈蔡煜仁、蔡埝祯、陈靖雯、陈家馨加入了学习南音的队伍中。然而，与颜秀格有关联的南乐团成员并不只她的五位外孙及外孙女，她与另外两位祖母级南音教师颜玉宝和颜美华之间也存在着千丝万缕的关系：颜玉宝的儿子是颜秀格的女婿，她们之间是亲家关系；颜美华与颜秀格是结拜姐妹的关系。（如图 1 所示）

而像颜秀格这样的“家庭”，在适耕庄并非少数。就这样，通过血缘关系、姻缘关系和地缘关系，若干这样的“家庭”组合成一个庞大的“家族”，因为在这个大家族中，并非所有的成员间都有以血缘关系或姻缘关系为纽带的亲属关系，故笔者将这个大家族称为“泛家族”。

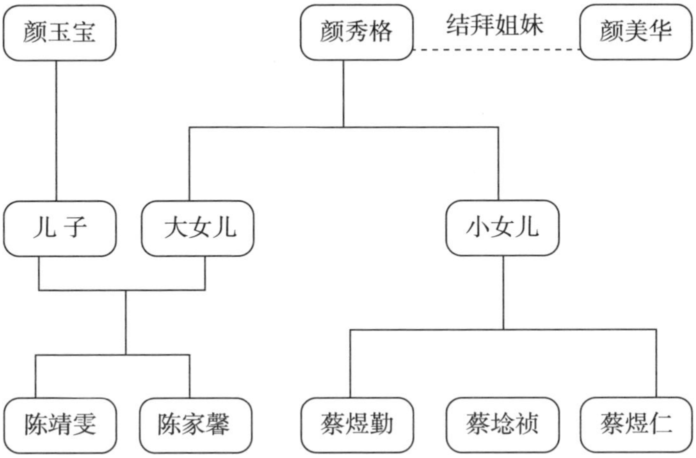

图 1　颜秀格和她的“家庭”成员关系网

另外，从福建会馆南乐团的祖籍地构成来看，团员中多数祖籍为闽南地区，也有祖籍为福州、潮汕、梅州客家等地区的成员。虽然在国内，南音以馆阁为主要传承体系，但是在异国他乡，尤其是在南音日趋衰微的马来西亚，家庭和会馆在南音传承中的地位得到了凸显。所以，“泛家族”对于适耕庄南音的传承、传播乃至复兴，无疑都起到了至关重要的作用。团员们因为南音聚在了一起，形成了“泛家族”；同时，“泛家族”也反过来影响南音在当地的传承、传播。

四、中华文化海外“泛家族”式传承传播思考

适耕庄南音的复兴，以及今天的繁荣，其实在马来西亚并不多见，很多社团的南音现状并不乐观，有些甚至已经呈现出日渐式微的局面。与适耕庄的福建会馆南乐团相比，吡叻（霹雳）太平仁爱音乐社和马六甲同安金厦会馆就没有那么幸运了。虽然这两个社团成立之时，在当地都很有影响力，但是由于华人社会的不断变化和马来西亚南音现状的日趋衰微，两个社团的现状均不乐观。笔者分别于 2016 年、2017 年拜访马来西亚的太平仁爱音乐社和马六甲同安金厦会馆时发现，两个社团均面临严重的老龄

化问题。据了解，马六甲同安金厦会馆从20世纪80年代马来西亚南音遭遇挫折开始，就已不复当年之势，中断多年，维持得千辛万苦；太平仁爱音乐社现如今仅有约10位成员，虽然也在为顺应社会发展的需求而不断调整，如创立卡拉OK歌唱班、鼓励不同籍贯的青年加入等，但是效果依然不佳。

费孝通先生曾在《乡土中国》一书中提出“团体格局”和“差序格局”的概念，并用一捆一捆的柴火和将石头丢进水里而产生的一圈圈波纹来比较两种“格局”的差异。西方社会以团体格局为主导，而中国社会却是以差序格局为主导。“在传统乡土社会里，亲属关系往往与地缘关系又是重叠的，正是这种重叠交叉，真正构成了‘差序格局’社会结构的形成条件。”[①]在“以‘己’为中心的差序格局里，没有个人主义”[②]，只有“自我主义”。需要说明的是，这里的“己”与“自我主义”并非字面意义，而更多是指代“小我”与“大我”。作为差序格局人伦核心的亲属关系，在凝聚家族力量的过程中起到了最重要的作用。当华人群体移居海外后，受到当地其他因素的影响，家族力量随之而被放大，甚至是被泛化并不断凝聚形成新群体——“泛家族”。正如费孝通先生在《乡土中国》中《家族》一文里面提出假设：“中国乡土社会采取了差序格局，利用亲属的伦常去组合社群，经营各种事业，使这基本的家，变成氏族性了。一方面我们可以说在中国乡土社会中，不论政治、经济、宗教等功能都可以利用家族来担负；另一方面也可以说，为了要经营这许多事业，家的结构不能限于亲子的小组合，必须加以扩大。”[③]

梁漱溟先生在《乡村建设理论》中用了两组图表（如图2所示）对比中国人与西洋人对待“个人、家庭、团体、天下”的态度：

① 陈心想：《走出乡土：对话费孝通〈乡土中国〉》，生活·读书·新知三联书店2017年版，第115—116页。

② 陈心想：《走出乡土：对话费孝通〈乡土中国〉》，生活·读书·新知三联书店2017年版，第121页。

③ 费孝通：《乡土中国》，北京出版社2005年版，第56页。

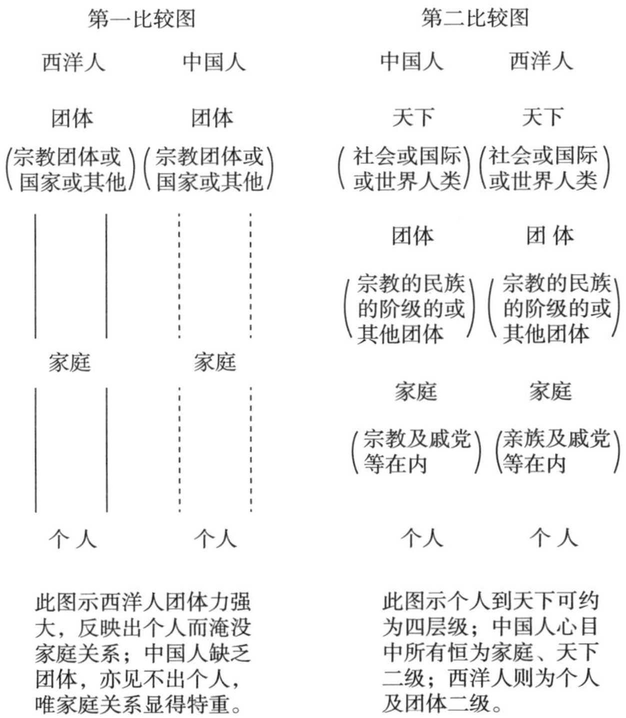

图 2　中、西方对待“个人、家庭、团体、天下”的态度比较图[①]

虽然这样比较的结论不是绝对可信的，但通过这组图表，不难看出：中国人以天下和家庭的利益为重，而西方人更重视个人和团体的利益，这是大致的事实。不仅西方社会如此，东南亚地区亦如此。所以，随着华人移居海外，在当地环境的影响下，家族观念逐渐泛化并形成了新的群体——泛家族，适耕庄的福建会馆南乐团就是这样的一个群体。在福建会馆南乐团这个“泛家族”中，团长陈观福无疑扮演着族长的身份，其他的每一位团员都在这个家族中扮演着不同的家族身份，各司其职。在这个泛家族中，所有的家族成员都沿袭、传承着这个家族的生产和生活方式、精神信仰，以及当年从祖国带来的文化，而南音就是能体现这种生产、生活方式，体现这种祖国文化的文化表现形式。笔者通过在 2016 年、2017 年

① 梁漱溟：《乡村建设理论》，中华书局 2018 年版，第 57 页。

两次拜访福建会馆南乐团做出了一个大胆的猜测：南音已经成为一个适耕庄华人群体证明身份、慰藉心灵的符号。就像海外华侨教育子女说汉语、写汉字、用筷子一样，学南音也是适耕庄的华人们在教育子女过程中的一个很重要的环节，所以就有前文中提到的颜秀格奶奶潜移默化影响自己五位外孙、外孙女学南音的故事了。

东南亚的华人移民不同于欧美等发达国家的华侨，他们没有“北京人去纽约”“上海人去东京”时的优越感，他们当初移居马来西亚、新加坡等国，完全是为了生计。先祖们漂洋过海来到大洋彼岸挖锡矿、割橡胶，通过勤劳的双手不断改善生活。也许，就像当年先祖们陆续只身“下南洋”来到东南亚谋生时一样，为了能够在当地生存、繁衍下去，他们凝聚在一起，形成了一个个华人社团。随后，随着华人事业上的成功，很多家族公司纷纷成立。值得一提的是，这些社团、家族公司和我们认知中的社团、家族公司略有区别，它们中的多数依托于某一寺庙或宗祠而成立，如马来西亚槟城的龙山堂邱公司，就是在邱氏宗祠龙山堂的基础上成立的。因为有相同的精神信仰、相同的文化认同、相同的海外谋生经历，原本用于拜神祭祖的物理空间，在异国他乡逐渐被赋予“行业工会”的新职能，并由“会员”们不断出资维持其正常运营。就这样，在那个华人们认为不是很“安全”的年代，这些社团、公司不但给予他们安全保障，也成为他们精神上的强大支柱。华人们聚在一起，交流、传承从祖国带来的生产和生活方式、精神信仰，乃至文化及其表现形式，以此怀念故乡，凝聚力量。

随着华人在海外的势力不断增强，这些华人群体由起初的“避难所”“加油站”逐渐转变为传承、传播祖国文化的空间和场所。在这个过程中，这些华人群体也逐渐由原本职能相对单一的社团和公司，变化成为不是家庭胜似家庭的“泛家族”团体。

然而当代华人社会作为一个特殊的群体，一端连接着祖国的传统文化，另一端连接着所在国的异国文化。这样一个桥梁似的“过渡性”群体，在今天所处的大环境之下，正在面临着各种机遇与挑战。这种以家族为基础，结合了族缘、地缘等关系而形成的扩大性亲缘关系——“泛家族”，在今天不但应该得到关注和重视，更应该形成一种趋势。所以，在这些“泛家族”传承、传播中华文化的过程中，我们要给予一定的帮助，如通过文化中心、孔子学院等给予相应的支持和引导。同时，我们也可以根据他们的需求“对症下药”，如前文中提到的适耕庄福建会馆南乐团，现阶段缺少南音教师，那么我们不妨派几位南音教师过去帮助他们解决困难。

现如今，海外华人群体中有越来越多的“×BC”[①]“香蕉人”出现。在异国他乡，传承中华文化，不仅仅是为了让其在“泛家族”内部得以延续，更是为了让中华文化在海外得以更好地传播和传承。

中华文化能传播至东南亚，得益于由中国与东南亚地区频繁的人员往来而形成的文化交流，在这一过程中，华人为载体，将文化传至于此；而中华文化在东南亚能落地生根、枝繁叶茂，是与华人群体及其在当地的生产、生活密不可分的。这种文化的传承传播，或者说在当地的繁荣，不仅可以增强华人群体对祖国祖籍地文化的认同，更是当今时代促进中国同东南亚各国进行多边交流的“催化剂”。

雪兰莪州瓜雪暨沙白县福建会馆 2006 年 7 月 14 日成立的南音理事会名单[②]如下：

顾问：颜碧志 AMN、苏青山 PJK

会长：陈观福

署理会长：郑益兴

副会长：黄忠义、黄天然、郑庆荣

总务：陈金德

副总务：林克茗、潘金铁

财政：李振成

---

① “×BC”，即 ××× Born Chinese（某国出生的中国人）。

② 该名单由马来西亚瓜雪暨沙白县福建会馆南乐团提供。

青年团团长：郭成辉
妇女组主席：李秀菊
理事：颜景煌、陈松杉、陈永槐、黄联兴、李振成、黄天然、李亚礼、陈金安、李锦辉、陈水利、潘金载、黄运强、陈志惠
南音导师：林金良、颜秀格、颜玉宝、颜美华、潘升平、郑素霞、潘玉成
组长：陈观福
副组长：李秀菊
秘书：林克茗
财政：颜秀格
组员：颜秀格、颜玉宝、颜美华、林金良、潘升平、郑素霞、李秀菊、黄素华、黄素琳、蔡煋勤、蔡埝祯、蔡煋仁、陈靖雯、郑诗缘、林凯虹、林凯琪、林慧婷、林素琼、颜秀月、颜雅薇、辜庭伟、崔燕婷、谢静宁、邱欣柔、黄佳利、黄凯柔、刘静宜

“一带一路”倡议是“构建人类命运共同体”思想的伟大实践*

构建人类命运共同体，是习近平新时代治国理政思想关于外交理念和外交政策的明确阐述，是习近平提出的“中国方案”，是解决当今世界各种难题、消弭全球各种乱象的“中国钥匙”。这一倡议的思想内涵，源于中国优秀的思想文化，所以在2011年9月发布的《中国的和平发展》白皮书中，“命运共同体”作为中国面向世界的新视角出现时，就和文明紧密联系在了一起，“要以命运共同体的新视角，以同舟共济、合作共赢的新理念，寻求多元文明交流互鉴的新局面”。

2013年3月，习近平在莫斯科国际关系学院发表演讲，首次向世界阐述他的“全球观”，向世界传递了对人类文明走向的基本判断：“这个世界，各国相互联系、相互依存的程度空前加深，人类生活在同一个地球村里，生活在历史和现实交汇的同一个时空里，越来越成为你中有我、我中有你的命运共同体。”之后的几年，在诸多国内和国际重要舞台上，习近

* 本文与中国艺术研究院副研究员任慧合著，原载于郑长铃主编《2018第三届“一带一路”文化艺术交流与合作国际学术研讨会论文集》，文化艺术出版社2019年版。

平多次阐释和丰富这一思想。2017 年 1 月 18 日，习近平在联合国日内瓦总部演讲时，对世界未来的文明发展进行了描绘："让和平的薪火代代相传，让发展的动力源源不断，让文明的光芒熠熠生辉，是各国人民的期待，也是我们这一代政治家应有的担当。中国方案是：构建人类命运共同体，实现共赢共享。"

一、"共同体"的渊源

构建人类命运共同体是中国方案，但是"共同体"这个词语诞生于西方世界。"共同体"的英文 community，是由拉丁文前缀"com"（"一起""共同"之意）和伊特鲁亚语单词"munis"（"承担"之意）组成。追本溯源，大约在古希腊时期，以亚里士多德为代表的西方哲学家就对这一概念有所思考。

1887 年，欧洲现代社会学的重要奠基人、德国学者斐迪南·滕尼斯（Ferdinand Tönnies）推出了《共同体与社会》（*Community and Society*）一书，不仅是他个人的成名作，也是社会学界影响深远的著名著作。该书问世后，直到 1936 年作者逝世的 49 年间，一直处于修订和再版的状态，累计出过 8 版，延续到今天已被翻译为多国文字版本。

滕尼斯认为《共同体与社会》这本书讲述的历史，无疑是共同体正在消逝、社会正在形成并且走向繁荣的历史，因此如同书名所明确呈现的那样，"本书最鲜明的特征莫过于它采取了二元对立的结构、围绕着'共同体'与'社会'这对彼此相对的概念展开讨论"。所谓"共同体"，其原型囊括了从古希腊—罗马的民社与城邦、中世纪的日耳曼封建王国直到早期近代的自由市镇的漫长的欧洲历史的诸阶段，其本质包含着"真实而有机的生命"，是古老的；而"社会"，则是近代以来的商业社会与国家，无论作为事物还是名称都是全新的，是抽象出的"想象的与机械的构造"。总之，“共同体”和“社会”分别对应古代和近现代的两种总体文化形态。①

《共同体与社会》一书的副标题是“纯粹社会学的基本概念”，可见他对“共同体”和“社会”的研究都是基于社会学的视角，当时“社会”作为全新的概念，与古老的“共同体”相对，但随着社会的发展，古老的“共同体”越来越遥远，而在“社会”中又出现了“社区”的概念，后世中西方学者更多地将“community”翻译为社区。这种理解更多地体现了共同体的地理属性，而非文化属性。

沿着滕尼斯社会学视角的共同体理论，“community”这一概念在西方社会不断拓展。1955 年，美国社会学家希勒里（Hillery）出版的《农村社会学》一书，发表了题为《共同体定义：共识的领域》的论文，对当时具有代表性的英、德、法语学者使用的 94 种关于共同体的定义进行了系统规范的统计，研究发现在不到百年的时间里，西方学术界对于“共同体”这一理论架构的确定含义及适用范围，从不同的角度和跨度进行了深入的关注，但对这一问题的思考尚未达成共识。

近半个世纪以来，社会学家继续关注“共同体”的定义。1971 年，美国社会学家贝尔和纽柏在统计过程中发现“共同体”的定义已经增至 98 个。1981 年，美籍华裔社会学者杨庆堃统计的“共同体”定义已经多达 140 余个。随着表面定义的增多，一方面代表着受关注度越来越高，另外一方面也表明社会的加速发展，导致“共同体”的内容和特征潜在地发生了不同程度的变化。

同时，特别需要指出的是，从“community”到“共同体”这三个汉字的确立，也就是从西方到东方的过程，要归功于日本学术界。同时从社会学的角度观照中国的共同体经验，早在 20 世纪 30 年代日本学者已经对中国乡村的共同体模式进行过调研和思考，并且影响了中国学人。因此，在日本最权威的词典《広辞苑》2008 年的版本中，对“共同体”一词又有了新的阐释，具体包含三类对象：1. 由居住于一定区域、拥有共同情感的人

① 参见［德］斐迪南·滕尼斯《共同体与社会》，张巍卓译，商务印书馆 2019 年版，译者导言。

们所构成的集团、地域社会；2. 由美国学者设定的全面包容了个人的社会集团；3. 在一定地域内，以某种关系而生活着的全部生活个体群。[①] 由此可见日本学者的观念受到西方（社会学）学术的影响很深。

二、中国的“人类命运共同体构想”

习总书记所提出的构建人类命运共同体，英文翻译为 The community of shared future for mankind，虽然依然采用了“community”这个词，但并不简单等同或者来自社会学领域的共同体概念。反之可以追溯到马克思主义的经典论述。

在马克思的经典论著中，虽然没有明确提出“共同体”这个词，但包括马克思、恩格斯 1845 至 1846 年合著的《德意志意识形态》第一章，马克思 1846 年 12 月致巴·瓦·安年柯夫的信，马克思 1857 至 1858 年所著《资本主义生产以前的各种形式》，马克思 1859 年所著《〈政治经济学批判〉序言》，恩格斯 1878 年所著《反杜林论》等篇章，在对其他问题的阐释中都有所涉及。如果将“共同体”这个词引申开来，我们就可以发现《共产党宣言》所说的“代替那存在着阶级和阶级对立的资产阶级旧社会的，将是这样一个联合体，在那里，每个人的自由发展是一切人的自由发展的条件”这句话中的“联合体”，可以视为马克思“真正的共同体”思想。在这一思想中，没有阶级，没有国家，可以作为我们今天理解人类命运共同体思想和方法论的基础。

立足历史，面向未来。中国的“人类命运共同体构想”逐渐得到国际社会的认可。2017 年 2 月，“构建人类命运共同体”理念被写入联合国决议。联合国秘书长古特雷斯说：多极世界需要多边的治理方式，今天的中国可以发挥重要的作用。2018 年 3 月 23 日，联合国人权理事会第 37 届会议通过中国提出的“在人权领域促进合作共赢”决议。决议呼吁各国共同

① 参见钱杭《共同体的中国经验》,《光明日报》(国学版) 2019 年 3 月 16 日。

努力，构建相互尊重、公平正义、合作共赢的新型国际关系，构建人类命运共同体，强调各国要坚持多边主义，加强人权领域对话与合作，实现合作共赢。

更加值得注意的是，2017 年 10 月，“构建人类命运共同体”被写入《中国共产党章程》。2018 年 2 月 25 日，中共中央建议在修改宪法部分内容时，增加“推动构建人类命运共同体”内容。“构建人类命运共同体”思想相继被写入《中国共产党章程》和《中华人民共和国宪法》，成为习近平新时代中国特色社会主义思想的重要内容。这些充分表明，以“促进和而不同、兼收并蓄的文明交流”为基础的人类命运共同体思想，不仅代表中国对世界未来的信念，也是向世界宣布中国愿意承担的一份责任。

三、“一带一路”倡议与“构建人类命运共同体”思想

中国面向世界，希望实现共赢共享的美好局面，最伟大的实践就是已经走过 5 年精彩历程的“一带一路”倡议。2013 年 9 月 7 日，习近平主席提出共建丝绸之路经济带重大倡议。2013 年 10 月 3 日，习近平主席提出共建 21 世纪海上丝绸之路重大倡议。以 2013 年金秋为起点的建设“一带一路”倡议，迄今全球已有 100 多个国家和国际组织积极支持和参与“一带一路”建设。习近平总书记战略构想关于文化的部分——“‘一带一路’建设要以文明交流超越文明隔阂、文明互鉴超越文明冲突、文明共存超越文明优越，推动各国相互理解、相互尊重、相互信任”，“国之交在于民相亲，民相亲在于心相通”等，已经充分确立了文化在这个全球战略中的重要地位，也成为中国艺术研究院举办“‘一带一路’文化艺术交流与合作国际学术研讨会”的战略因素。

2018 年 11 月在阿根廷举行的 G20 峰会上，习近平主席又多次提到“一带一路”倡议，也多次提到构建人类命运共同体的思想。最为重要的是 11 月 30 日，习主席会见联合国秘书长古特雷斯时说：“我提出构建人类命运共同体，倡议共建‘一带一路’，就是在反复思考世界各国应如何

在千差万别的利益和诉求中实现共商共享、和而不同、合作共赢。”由此，“一带一路”倡议作为承载时代使命的世纪工程，掀开了世界发展进程新的一页，是构建人类命运共同体的伟大实践。

从“一带一路”倡议，到构建“人类命运共同体”的思想，其背后都以中华民族优秀传统思想文化为智力支撑。中华文化源远流长，博大精深，积淀着中华民族最深层的精神追求，代表着中华民族独特的精神标识，确立了中华民族的精神命脉，不仅历史上为中华民族生生不息、发展壮大提供了丰厚滋养，也是面向世界时我们中华民族最深厚的文化软实力，为我们在世界文化激荡中站稳脚跟提供坚实的根基。其中具有悠久历史传统和广泛群众基础的“和”文化，包括儒家思想的天人合一的宇宙观、协和万邦的国际观、和而不同的社会观，以及人心和善的道德观等思想精髓，辅以内化新时代要求，联合构成了“命运共同体”的文化源泉和根基。

四、中国艺术研究院的使命与贡献

中国艺术研究院在文化和旅游部“十三五”规划中，以建设成为文化艺术高端智库为目标，聚焦“人类命运共同体”思想，聚焦“一带一路”倡议，通过智库专家团队的论证，近些年相继召开了跨地域、跨学科的学术研讨会，希望借此搭建文化艺术的国际交流合作平台，促进国内外学界和相关人士为“一带一路”倡议和“构建人类命运共同体”思想提供广泛而深入的精神支持。

2014 年，中国艺术研究院文化发展战略研究中心和外事处即着手策划响应“一带一路”倡议的文化艺术学术交流合作活动。2015 年，中国艺术研究院的“‘一带一路’文化艺术交流与合作国际学术研讨会”列入文化和旅游部 2016 至 2018 年度文化艺术交流活动三年规划，成为国家级国际学术论坛。

2016 年 12 月，首届“一带一路”文化遗产国际学术研讨会在福建泉州召开，会议主题“实现海上丝绸之路和陆上丝绸之路在学术上的贯通”，既初具国际属性，也突出了泉州的地域特征，为和“海上丝绸之路”相关的丝绸、瓷器、茶叶、音乐、舞蹈、建筑、服饰等文化载体或“非遗”载体提供了学术研究和文化交流具体而深入的切入口，彰显了“各美其美、美美与共”的理念，并形成了一批学术成果与智库成果。

2017年10月，第二届“一带一路”文化艺术交流与合作国际学术研讨会在甘肃省敦煌市召开，与会专家、学者围绕“如何发挥文化遗产在公共教育、审美教育中的作用”“丝绸之路上的艺术交流、交融与合作”，以及“文明共享共荣背景下敦煌文化的当代价值和战略意义”等多个议题进行了深入探讨与广泛对话，呈现中外交织、学科交汇的多元化学术视角，延续了2016年“一带一路”文化遗产国际学术研讨会的多层次相结合的会议形式，并在内容上有所拓展与扩充，呈现多维度立体化的学术框架，为“一带一路”文化艺术交流、合作建设进行了一次成功的学术实践，搭建了一个丰满立体的活动平台。

2017年9月召开的第八届世界儒学大会，以“儒学思想和人类命运共同体”为主题，吸引了来自世界34个国家和地区的100多个儒学研究机构和团体到会，表明“人类命运共同体”理念在思想和精神层面得到越来越多的认同和支持，而如何将这一理念与各国实际发展情况相结合，坚持和平发展与互利共赢的原则不动摇，切实推动形成人类命运共同体，专家们在论坛中发表了不少真知灼见，正如杜维明先生所言，大会必将为人类命运共同体的构建做出积极贡献，促进人类社会和各文明传统的和睦相处。

2018年冬天，中国艺术研究院按计划举办“第三届‘一带一路’文化艺术交流与合作国际学术研讨会”，以“弘扬‘一带一路’精神，助推人类命运共同体建构”为主题，以“‘一带一路’倡议作为人类命运共同体构建的途径与策略”“人类命运共同体建构中的文化问题研究”“文化遗产（文化线路）与‘东盟’诸国文化艺术交流合作研究”为分议题，不仅对“民心相通”和“互学互鉴”的研究有历史的深度，而且将进一步紧扣当代的时代脉搏，站在当今人文交流的时代背景和视野下，对“一带一路”文化相关领域的问题进行现代性的阐释与研讨，促进“一带一路”沿线各国与地区的文化沟通、实践交流更加深入有效，推动“一带一路”文化交流与合作走向更广阔的视野和更大的格局，从而为“一带一路”倡议的实践和国家“文化走出去”、“人类命运共同体”建构实施，提供切实的学术和智库支持。

试论“高峰”形成立基于重识和把握新时代文化内涵*

十八大以来，党中央非常重视文化艺术工作。2012年11月15日，习近平履新总书记，在会见中外记者时谈道：“在漫长的历史进程中，中国人民依靠自己的勤劳、勇敢、智慧，开创了各民族和睦共处的美好家园，培育了历久弥新的优秀文化。”同年，习近平总书记在广东考察工作时提出：“我们决不可抛弃中华民族的优秀文化传统，恰恰相反，我们要很好传承和弘扬，因为这是我们民族的‘根’和‘魂’，丢了这个‘根’和‘魂’，就没有根基了。”

习近平曾在多个场合提到文化自信，传递出他的文化理念和文化观。在2014年2月24日中共中央政治局第十三次集体学习中，习近平提出要“增强文化自信和价值观自信”。2014年10月15日，习近平总书记主持召开文艺工作座谈会并发表重要讲话，这标志着习近平新时代中国特色社会主义文艺思想逐渐形成。在此次文艺座谈会上，习近平强调：“改革开放

---

* 本文原载于中国艺术研究院科研管理处编《文艺创作“高峰”问题研讨集》，文化艺术出版社2019年版。

以来，我国文艺创作迎来了新的春天，产生了大量脍炙人口的优秀作品。同时，也不能否认，在文艺创作方面，也存在着有数量缺质量、有‘高原’缺‘高峰’的现象，存在着抄袭模仿、千篇一律的问题，存在着机械化生产、快餐式消费的问题。”而后，习近平新时代文化思想在十九大报告“坚定文化自信，推动社会主义文化繁荣兴盛”部分集中体现，内容紧紧围绕“什么是中国特色社会主义文化，怎样发展中国特色社会主义文化”这一重大课题深入展开。

从2012年强调继承优秀文化传统，到提出树立文化自信，到2014年具体落实到文艺创作“高原”“高峰”相关话题，再到2017年十九大报告系统全面的对文化的论述，呈现出我党新时代文化战略设计的逐步完善。但考察近年来我们文化艺术创作的实际情况，其与上述设想存在的较大落差，确实值得我们责无旁贷地去思考、去寻找不能破题的原因。

笔者认为，文艺创作方面缺“高峰”的问题，不是简单的创作者个体的问题或者是哪个群体的问题，而是全社会的问题，其中包括理论思考和创作实践等诸多方面，呈现出文化认知、认识领域和实践领域的复杂困境。

一、现象描述与问题提出

广义而言，文化是人的行为方式和价值体系的总集。奈斯比特认为：当今，无论是在经济发展、社会发展，抑或是对内、对外的发展过程中，好像都存在着一些问题，而把这些问题归纳起来看，不难发现这些问题最终都归结于文化的问题。因此，如何看待文化，有什么样的文化关怀，就显得至关重要。

习近平总书记在十九大报告中指出：“文化是一个国家、一个民族的灵魂。文化兴国运兴，文化强民族强。”文化是一个国家、一个民族的思想引领、精神支柱、道德教养、知识哺育，也是一个国家、一个民族区别于别的国家、别的民族的重要标识。对于文化和价值观的问题，党和国家已经非常重视。习近平总书记指出：“没有高度的文化自信，没有文化的繁荣兴盛，就没有中华民族伟大复兴。要坚持中国特色社会主义文化发展道路，激发全民族文化创新创造活力，建设社会主义文化强国。”把文化自信问题提高到能不能实现中华民族伟大复兴的高度来认识。2018 年 3 月 11 日，第十三届全国人民代表大会第一次会议通过中华人民共和国宪法修正案，“社会主义核心价值观”被写入宪法，对于从根本上提升国家文化战略水平，提升我国软实力，提升社会道德水平和社会文明程度具有重大意义。2018 年，中共中央印发了《社会主义核心价值观融入法治建设立法修法规划》，体现了社会主义核心价值观由“软性要求”转化为“刚性规范”的法治导向，由国家强制力保障实施。

站在这样的角度看，文化不是单纯的文化人或文艺圈的事情，而是全社会和全民族的头等大事。同样，文化的“高原”与“高峰”，不仅仅是文艺创作者的事情，而是全党和全社会的大事。我们的文化创作，应该关注民族文化底蕴内涵和人类文化格局，最关键的是关注其中所展现出来的价值观。此外，今天的中国已经是国际上重要的大国，我们不能仅仅关注和表现自己的民族文化，更重要的是要有人类文化的宏观格局。

然而，必须承认的是，当今社会上的一些现象，或是发展当中的一些矛盾，或是国民修养素质的不足，或多或少反映出目前价值取向方面存在的诸多问题。考察近几年的社会热点，与价值观相关的负面事件层出不穷，范冰冰偷税事件、长春长生疫苗事件、滴滴系列命案、基因编辑婴儿事件、杜嘉班纳辱华事件、高铁扒门事件等，无不凸显完善社会主义核心价值观的重要性。与此同时，在文艺创作领域，每年创作的歌曲、小说、电影、电视剧等堪称海量，但其中反映社会主义核心价值观并能传唱传世的又有多少？网络上更有人指出：国内的文艺作品创造力不够，90% 属于模仿和复制。有一种观点在创作和评论界很流行，就是市场经济导致了今天的各种社会弊端，也导致了文艺创作的媚俗、责任感丧失等。不能说市场经济必然导致文艺创作的媚俗化，资本主义社会初期的市场经济也产生过伟大的批判现实主义作品。关键在于实行市场经济的同时，作家作品能否独立批判现实，如果不能，就容易导致作家拥抱媚俗。还有一种说法：中国的经济总量可能在二三十年内超过美国，可是中国文化的国际影响力可能一百年也未必超过美国。当然这只是一些人的观点，但在某种程度上也反映了我国在文化建设道路上仍需努力的现实。

二、把握新时代文化内涵变化

文艺界的浮躁、急功近利，实质问题在于没有明确的文化定位，没有真正确立核心价值观。我们今天提出社会主义核心价值观，但是我们的文艺创作是否都很好地融入了、消化了、蕴含了、展示了社会主义核心价值观的内容？还是只是浅表地将其变成一种符号的解释？当代文艺创作只有“高原”没有“高峰”，根源在于对社会主义文化的本质内涵认识不足，最核心的问题是价值观的确立问题。

什么是中国特色社会主义文化？习近平总书记在十九大报告中说：“中国特色社会主义文化，源自中华民族五千多年文明历史所孕育的中华优秀传统文化，熔铸于党领导人民在革命、建设、改革中创造的革命文化和社会主义先进文化，植根于中国特色社会主义伟大实践。”这段话讲清了这样几个重要问题：第一，中国特色社会主义文化由中华优秀传统文化、革命文化和社会主义先进文化三个部分组成；第二，中国特色社会主义文化的生成和发展，中华优秀传统文化是源头，党领导人民进行的革命、建设、改革是熔炉，中国特色社会主义伟大实践是土壤；第三，中国特色社会主义文化是中国特色社会主义中国的文化，是中华民族的文化，是当代中国、当代中华民族的灵魂。这实际上对什么是中国特色社会主义文化做出了科学界定。

从具体的文化来讲，我们可以把“五位一体”作为现阶段对文化和价值观的一种具体要求。“五位一体”可以理解为我国价值观的重大变化：发展不仅仅是经济或物质领域的发展，而且也是经济、政治、文化、社会、生态诸多领域的协调、统一、均衡发展。比如，如果文化建设跟不上经济发展，就会出现拜金和道德败坏的现象；如果生态文明建设跟不上经济发展，就会产生严重的环境污染。不受限制的公共权力进入经济发展领域，必然会扭曲经济发展，阻碍经济发展。这自然与新发展理念（创新发展、协调发展、绿色发展、开放发展、共享发展）中的“共享发展”问题有关。共享发展是指发展要符合正义，其利益要由不同的社会阶层共同享有，有利于不同的社会阶层发展，特别是社会底层。“五位一体”是一种全面的国家发展战略，更是一种全新的国家价值观。

我们有些领导、文化人、文艺创作者提出要攀登文化艺术高峰，可是我们对文化和价值观却不甚了了。一讲起文化，讲着讲着就变成了文化产品，讲着讲着就变成了具体的文化表现形式，而文化真正的本义、底蕴和内涵却被我们忽略了，文化就变成了窄小的、没有活力的对象，或者仅仅是文化知识层面的认知。所以，在创作当中要想把握“文化的思想性”问题，就要引起所有创作者、批评者、消费者足够的重视和认真的思考。习近平总书记在文艺工作座谈会上要求：“文艺工作者要志存高远，随着时代生活创新，以自己的艺术个性进行创新。”笔者认为，这里的“志”可以理解为“思想性”。只有确立了正确的价值观、精神高度，正确地把握住文化的根本内涵，才能确立起我们的自信，才能创作出不愧于这个时代的、具有艺术价值的高峰作品。有一幅漫画形象而深刻，一现代作家指着曹雪芹说：“我已经著作等身，你却一辈子连部小说也没写成。”曹雪芹“披阅十载，增删五次”，乃有不朽之巨著。急功近利，不想赢得人民，只想赢得人民币，必然会制造无数垃圾，更是对社会精神生活的一种伤害。仅有创作的数量是不行的，没有“文化”思想的创作，再多的成果也只能是“物品”，而不是作品。正如习总书记在文艺工作座谈会上讲的：“文艺不能在市场经济大潮中迷失方向，不能在为什么人的问题上发生偏差，否则文艺就没有生命力。低俗不是通俗，欲望不代表希望，单纯感官娱乐不等于精神快乐。精品之所以‘精’，就在于其思想精深、艺术精湛、制作精良。”

艺术创作讲究形式与内容的高度的统一。在历史上，我们有不少这样优秀的作品。在不同的历史时期，只要这些作品有明确的文化情怀、价值观，在形式上、内容上与时代脉动相一致，它就会恒久地感动人们，如《黄河大合唱》《长征组歌》等。《黄河大合唱》已经诞生80年，但每当耳边响起这激昂的旋律，仍让人热血沸腾。因为其中体现出的顽强不屈的信念，仍然流淌在中华民族的血液当中。就像著名表演艺术家田华所说："《黄河大合唱》是民族的……它是世界上的一个伟大作品！什么叫文化自信？这就是文化自信！在《黄河大合唱》八十周年的今天，它仍能给我们一种力量、一种动力，把世界人类的和平之路永远走下去不停步！"今天我们回头再看这些作品，虽然在艺术表现的形式上、内容上由于时代的不同，已经不能同日而语（技术上、科技手段运用上），但是由于它们真正把握住了民族文化的内涵底蕴、人类文化格局、文化本质，真正把握住了价值的定位，所以它们还是非常感人的，是无愧于时代的历史的经典。

同时，文化创造、文化创新需要思想创新的土壤，需要给创作者足够自由的创作空间和思想空间。文艺创新需要文化原创人才，如编剧、作家、艺术家等，他们是真正的文化创造者，只有保护他们的智力成果，让他们有足够的条件和尊严安心搞创作，伟大的作品才有可能产生，时代的高峰才有可能铸就。

三、重识文化，高峰在前方

实现中华民族伟大复兴需要中华文化的繁荣兴盛，正如习总书记所说，推动中华优秀传统文化创造性转化、创新性发展，继承革命文化，发展社会主义先进文化，不忘本来、吸收外来、面向未来，才能更好地构筑中国精神、中国价值、中国力量，为人民提供精神指引。

（一）确立中华文化立场

习近平总书记在十九大报告中明确指出："中国共产党从成立之日起，既是中国先进文化的积极引领者和践行者，又是中华优秀传统文化的忠实传承者和弘扬者。"此前，习近平总书记2014年《在文艺工作座谈会上的讲话》中就已经提道：“传承中华文化，绝不是简单复古，也不是盲目排外，而是古为今用、洋为中用，辩证取舍、推陈出新，摒弃消极因素，继承积极思想，‘以古人之规矩，开自己之生面’，实现中华文化的创造性转化和创新性发展。”

中国共产党从成立之日起就高度重视中华优秀传统文化的传承和弘扬，在传承弘扬中华优秀传统文化的工作中，着力做了这样几件事。第一，确立中国优秀传统文化在中国文化中的坚实地位，始终强调中华文化源远流长，优秀的传统文化是中华文化的根源和源泉。第二，清除浮渣，提炼精华，积极挖掘和发掘优秀的中国传统文化。中国的传统文化如大海之水，是浩瀚而永无止境的。这浩瀚的水，肯定有泥泞的淤泥。中国共产党做了一件非常明智的事情——过滤浑浊的水，清除污泥，把文化中清澈、营养、美味的水引入革命、建设和改革的大潮中，使优秀的中国传统文化在振兴中华民族伟大事业中发挥积极作用。第三，古为今用、推陈出新。把中华优秀传统文化融入革命文化和社会主义先进文化。中国共产党提出了“古为今用、推陈出新”的方针，对思想观念、人文精神、道德规范、处世哲学和正确治国经验进行挖掘、加工和选择，赋予中国传统文化新的应用价值和时代意义，并将其推广应用于党和国家的工作之中，促进革命、建设和改革。第四，中国优秀传统文化的创新转型与发展。这是习近平总书记在中国特色社会主义新时代提出的应用和发展优秀传统文化的重要思想。在坚持和发展中国特色社会主义的伟大实践中，关键是创造性地改造和创新性地发展中国优秀的传统文化，使我国五千多年来不断发展和丰富的传统文化得到充分利用和发展，使之焕发新的活力，促进新时代中国特色社会主义的发展。这不仅为中国优秀传统文化的生存和发展指明了正确的道路，也为新时期中国特色社会主义文化的繁荣和发展找到了新的力量。

可以欣喜地看到，在这样的大背景下，近年来也涌现出了一批在中国传统文化基础上打造出的文化精品。2019 年，取材于中国传统神话传说的动画电影《哪吒之魔童降世》凭借新颖的人物造型、富有传统文化韵味的细节设置、颠覆性的剧情编排、精彩的特效制作，以及对命运顽强抗争的深刻主题，上映第五天就突破国产动画电影内地票房纪录，并且入围奥斯卡最佳动画初选名单。可见，从传统文化中挖掘创作素材进行创新，不仅能促进文化产业的发展，还能更好地讲述中国故事，向世界展示中华文化的独特魅力。

这一次国家推动的优秀传统文化复兴，在本质上不是一次简单的复古，而是一次基于当前中国整体的政治、经济和社会形势，做出的一个重大的思想文化战略谋划。从政治上考量，以中华民族的精神文化寻根之旅来筑牢中国人民共同的精神基石，以文化认同来构筑价值认同，以文化认同来抵制西方价值观的侵袭，是弘扬中华优秀传统文化的政治目标。从文化自身考量，中国当前在物质文明发展和硬实力建设上相对有优势，而精神文明建设和软实力建设处于短板阶段，以鲜明的中华文化立场，来整体推进中国的精神文明建设和文化软实力建设，形成和确立中华民族的独特精神和文化品格，是弘扬传统文化的发展目标。

（二）旗帜鲜明弘扬社会主义核心价值观

习近平总书记在十九大报告中指出："意识形态决定文化前进方向和发展道路。"他强调："必须推进马克思主义中国化时代化大众化，建设具有强大凝聚力和引领力的社会主义意识形态，使全体人民在理想信念、价值理念、道德观念上紧紧团结在一起。要加强理论武装，推动新时代中国特色社会主义思想深入人心。深化马克思主义理论研究和建设，加快构建中国特色哲学社会科学，加强中国特色新型智库建设……落实意识形态工作责任制，加强阵地建设和管理，注意区分政治原则问题、思想认识问题、学术观点问题，旗帜鲜明反对和抵制各种错误观点。"

要培育和践行社会主义核心价值观。习近平总书记在十九大报告中指出："社会主义核心价值观是当代中国精神的集中体现，凝结着全体人民共同的价值追求。"为此，他强调："要以培养担当民族复兴大任的时代新人为着眼点，强化教育引导、实践养成、制度保障，发挥社会主义核心价值观对国民教育、精神文明创建、精神文化产品创作生产传播的引领作用，把社会主义核心价值观融入社会发展各方面，转化为人们的情感认同和行为习惯。坚持全民行动、干部带头，从家庭做起，从娃娃抓起。深入挖掘中华优秀传统文化蕴含的思想观念、人文精神、道德规范，结合时代要求继承创新，让中华文化展现出永久魅力和时代风采。”

要加强思想道德建设。在党的十九大报告中，习近平总书记指出：“人民有信仰，国家有力量，民族有希望。要提高人民思想觉悟、道德水准、文明素养，提高全社会文明程度。”为此，他强调要做好以下工作：“广泛开展理想信念教育，深化中国特色社会主义和中国梦宣传教育，弘扬民族精神和时代精神”；“深入实施公民道德建设工程，推进社会公德、职业道德、家庭美德、个人品德建设”；“加强和改进思想政治工作，深化群众性精神文明创建活动”；“弘扬科学精神，普及科学知识，开展移风易俗、弘扬时代新风行动，抵制腐朽落后文化侵蚀”；“推进诚信建设和志愿服务制度化，强化社会责任意识、规则意识、奉献意识”。

只要民众都践行社会主义核心价值观，我们的文艺作品就有了攀登高峰的切实动力。社会主义核心价值观不是空泛的口号，而是存在于生活点滴之中，与我们的生活息息相关。2019 年 9 月上映的《我和我的祖国》，作为一部主旋律电影，之所以能在大片霸屏的国庆档成为全民热议的话题，打动万千观众，正是因为贴近生活，用平凡的小人物的故事，组成了新中国成长的诗篇，弘扬了社会主义核心价值观。正如网络影评所说：“以人为本，从小人物出发，千万个做好自己的人，汇聚在一起就建设出了一个美丽的中国。我们的国家为什么好？因为人好。人哪里好？这部电影给到的答案，便是它最好看之处。”

（三）以民众生产生活为切入点，承继文脉，号准时代脉搏

2016 年习近平总书记《在中国文联十大、中国作协九大开幕式上的讲话》中提道：“古今中外，文艺无不遵循这样一条规律：因时而兴，乘势而变，随时代而行，与时代同频共振。”2019 年习近平总书记参加文艺界社科界联组会时提出了“四个坚持”：坚持与时代同步伐，坚持以人民为中心，坚持以精品奉献人民，坚持用明德引领风尚。其中，总书记在“坚持与时代同步伐”中提道：“为时代画像、为时代立传、为时代明德。”在“坚持以人民为中心”中提道：“文化文艺工作者要用心用情用功抒写人民、描绘人民、歌唱人民。”

文艺创作应坚持思想与艺术创作的统一，坚持创作的内容性和创造性原则，提高文艺创新能力，突破、超越、探索，取得新的融合成果，努力增强文艺作品的吸引力和感染力。重点支持文学、剧本、作曲的原始和基本环节，注重个性化创作，避免过度重复和改编。要统一继承、创新和交流，深入挖掘和提炼优秀传统文化的思想艺术价值，积极吸收各国优秀文化成果，使文艺更符合时代潮流，更好地领导社会时尚。推动文艺与新技术、新形式、新模式、新媒体有机融合，以数字技术为先导，积极推动文艺创作生产方式的转变和进步，丰富创作手段，拓展艺术空间，不断提高艺术品位和核心竞争力。

文化创造不能闭门造车。第一，我们必须把实践、深入实践和研究实践相结合，在丰富生动的实践基础上建立创新。只有这样，才能创造出符合实际、符合人民需要、符合社会需要的文化精品。就像诺贝尔文学奖获得者莫言所说，文学作品必须时刻贴近百姓生活，才会有生命力，一个好的作品必须与生活紧密相连，作家应该知道老百姓在想什么，所希望的是什么，最大的痛苦是什么。新时期中国特色社会主义是伟大的实践，只有关注、参与、研究和反思这一实践，才能创造出有助于推动这一伟大实践成功的文化。第二，我们不应偏离时代，而应顺应时代，实现文化进步。文化是时代的产物，每一时期的文化都深深地印着时代的烙印，服务于时代，在服务于时代的过程中实现文化进步。任何一个时代的经典文艺作品，都是时代精神的生动写照，不论是鲁迅对黑暗时代的反思，还是余华小说中小人物面对生活苦难的顽强挣扎，都因为贴近时代生活而拥有打动人心的强大力量。这是时代和文化的发展逻辑。新时代中国特色社会主义是中国特色社会主义发展的新阶段，是中国特色社会主义发展的新进步。因此，我们的文化必须遵循时代的足迹，与时俱进，体现时代，歌颂时代，促进时代，实现文化在这一过程中的进步。

（四）引导社会尊重艺术创作的客观规律

文化的优秀、国家的强大、人民的力量，就是我们文化自信的强大底气，文化自信的水之源、木之本。正如习近平所说：“站立在960万平方公里的广袤土地上，吸吮着中华民族漫长奋斗积累的文化养分，拥有13亿中国人民聚合的磅礴之力，我们走自己的路，具有无比广阔的舞台，具有无比深厚的历史底蕴，具有无比强大的前进定力。中国人民应该有这个信心，每一个中国人都应该有这个信心。”既然我们有这个文化自信，就应该尊重文艺创作的客观规律，尊重符合生活逻辑的创作和作品。

专业的艺术创作要尊重客观规律，同时尊重创作者的个性，这一点在文艺界已经取得较多共识。举个影视作品的例子：《亮剑》里面的李云龙，在我们过去看过的影视剧中，八路军的高级将领肯定不是这种形象（有的时候他的言行都像社会赖皮的样子），但是这种创作确确实实让人感觉很真实，很感人。给创作者或者是创作提供一个宽松的有弹性的创作空间，才会有更多这样动人的作品，甚至这个弹性可以更大一点，这样的话，就能在尊重艺术创作规律的基础上形成好的作品。

一个不可否认的事实是，我们的文艺还必须植根于社会大众当中。只有社会公众更多地在价值观上认可尊重艺术创作规律的作品，认可尊重艺术创作规律的作者，我们的文艺才能出现“高峰”。随着我国经济的持续健康发展和国民收入的稳步提高，精神文化消费近年来一路攀升，丰富了广大群众的精神生活，提高了群众的生活质量，对我国文化、传媒、旅游、信息、餐饮等相关产业也产生了巨大的拉动作用，也反映了社会审美风尚和大众审美的变化。在这一过程中，许多现象值得我们认真思考。有人认为，我们的大众文化仍在一步一步的庸俗化，我们的大众美学也在逐渐趋同：欣赏“最大限度地刺激人们的视听感官，呈现赤裸裸的欲望”的节目。

鸦片战争以后，中国一直处于屈辱和痛苦之中，中国人民长期处于受伤害和羞辱的状态。几千年积累的辉煌，在短短的一百多年里就消失了。在这个全国忧患蒙羞的状态下，中国所有有识之士都开始反思导致中国出现这种局面的原因，一直是社会主流文化的士大夫文化，不可避免地被视为罪魁祸首之一。既然我们“找到”了落后的症结，剩下的就是替代和批评。五四以来，一代又一代中国知识分子在批判传统精英文化的同时，也在寻求其替代品。但是，旧道德体系的破除并不意味着新道德体系的建立。建设一个新的系统是一项复杂而艰巨的工程。中国的特殊性在于，当我们的新制度没有完善、围栏没有收紧时，我们就已经加入了世界，迎接信息爆炸时代的到来，这一时代通过互联网和卫星将世界流行文化聚集在一起。因此，公众的审美观和价值观亟待引导，这也是我们文艺创作能攀上世界高峰的关键条件。

（五）前瞻性的培养未来攀登“高峰”的主力，加强合理规划和注重人才培养是重中之重

1. 加强文化战略规划

经济领域的供给侧改革在文化领域同样非常急迫。从近几年来的文化市场现状来看，各类文艺作品陷入了“叫座不叫好，叫好不叫座”的怪圈。习近平总书记在文艺工作座谈会上反复强调，要抓精品，出“高峰”，需要我们一以贯之地加以体会和治理。在确立正确的文化观、中华文化立场的前提下，国家应该编制文化艺术创作的规划。

同时，在制定战略规划时，我们还要清醒地意识到，文化内容生产的供给侧改革是一项长期而又艰巨的任务，不可能一蹴而就，需要做好持续战斗的准备。国家意志主导下的文艺精品创作，比如各类国家精品文艺创作工程，虽然在一定程度上可以推出一批主旋律精品，但是随着文化消费的多元化发展，我们更需要尊重文艺创作自身的规律，更多地为文艺创作提供良好的创作环境、创作土壤，发挥每一位文艺创作者的主观能动性和个性。

此外，文化不同于其他物质经济领域，属于精神领域的范畴，属于软性内容。政府与市场、社会之间直接对话、直接碰撞的刚性管理机制并不能保障对文化的有效管理，需要更加柔性的、宽松的管理机制和环境。西方国家大量的文化中介组织、民间基金会等机构的设立，有效地承担了政府与文化之间的“缓冲地带”的职责，减少了政府的越位，促进了文化艺术的繁荣。我们要进一步改革文化体制机制，将政府的文化职能从传统管理转变为现代治理，从管文化向办文化转变，在文化资源的配置中管住该管的，该放开的要放开，实现参与治理主体的多元化。

2. 注重文艺人才培养

应该对艺术家进行社会主义核心价值观的培训，对后起人才进行培养。要彻底摒弃西方中心主义，以音乐界为例，目前国内的音乐院校，比如中央音乐学院、上海音乐学院，整个体系包括教育方法等，基本框架都是西方音乐的，即使设了中国音乐学院，还是模仿西方的体系，所以名不副实。这样就很难真正在我们的教育里孕育出中华民族音乐的人才。从二度创作的角度来看，我们有中央乐团、中国交响乐团、中国芭蕾舞乐团等，可是创作的机制也是有问题的。比如中央民族乐团，且不说它的整个编配体系移植于西方，就其艺术创作而言也存在进一步提升的空间。其策划的《印象国乐》，更是一次文化定位模糊的表述，创作理念与表现手段也出现了一定的脱节，由此进一步造成了创作者与表演者之间的艺术理念，甚至是文化观念之错乱。所以这种二度创作的机构或者是机制问题，也会直接影响一度创作“高峰”作品的出现。

所幸我们国家现在已经注意到了这些问题，前几年经国家艺术基金的推动，现在已经有很丰厚的成果。但是更应该总结经验，开辟途径，多渠道切实地促进创作的繁荣。2015 年岁末，中共中央办公厅、国务院办公厅印发《关于全国性文艺评奖制度改革的意见》，要求破除评奖过多过滥、奖项重复交叉、程序不尽规范、个别作品脱离群众的弊端，以压缩数量，提升质量，以规范评审，扶持精品、引导创新。2016 年元月，《2016—2017 年全国文艺骨干和管理干部培训工作规划》出台，由中宣部和中国文联共同举办的深入学习贯彻习近平总书记文艺工作座谈会重要讲话精神第一期专题培训研讨班启动，拉开了全国文艺骨干和管理干部培训的大幕。按照这一规划，2016、2017 两年，计划培训约 11 万名文艺工作者。文化建设作为“五位一体”建设中的重要一环，已被浓墨重彩地写入党中央关于“十三五”规划的建议。“扶持优秀文化产品创作生产”“加强文化人才培养”“繁荣发展文学艺术”将成为未来五年经济社会发展的重要内容。

四、结语

习近平总书记主持召开文艺工作座谈会的最后，援引朱熹《春日》诗句，对文艺工作和文艺工作者寄予厚望：“希望文艺战线和广大文艺工作者不辜负时代召唤、不辜负人民期待，创造出更好更多的文艺精品，为推动文化大发展大繁荣、建设社会主义文化强国做出新的更大的贡献！”如何创造更好更多的文学艺术作品？如何从“高原”向“高峰”转移？这已成为中国文学艺术发展的时代之问，这是一个严肃的问题。实现中华民族伟大复兴的中国梦，要求文学艺术精品不断涌现，“两个百年”的奋斗目标，要求无数中国文艺创作者立足当下，弘扬中国精神，传播中国价值，凝聚中国力量。

“上海精神”与“丝路精神”共谱未来*

“上海合作组织：迈向人类命运共同体文化交流大会”暨2019第四届“一带一路”文化艺术交流合作国际学术研讨会日前在山西太原举行。此次研讨会由上海合作组织秘书处、中国艺术研究院、中国俄罗斯东欧中亚学会、山西省文化和旅游厅联合主办。来自上合组织秘书处以及中国、俄罗斯、乌兹别克斯坦、塔吉克斯坦、吉尔吉斯斯坦、哈萨克斯坦和巴基斯坦等国的70余名专家学者参与会议。

此次研讨会是上合组织秘书处与中国艺术研究院等学术机构的首次合作，旨在探讨人类命运共同体的精神与内涵，为上合组织诸成员国未来的文化合作发展寻找前进方向。大会共设三个平行论坛，包括“上海合作组织命运共同体的精神内涵”“上海合作组织命运共同体与文化包容互鉴”“上海合作组织：迈向人类命运共同体中外文化艺术交流合作案例展示”。专家学者从上合组织成员国的人文合作、非物质文化遗产保护、“一带一路”建设以及区域间文化艺术交流等方面展开深入讨论。

中国艺术研究院院长、党委书记韩子勇表示，“一带一路”倡议的推

* 本文与中国艺术研究院副研究员宋蒙合著，原载于《人民日报》（海外版）2019年12月10日。

进与上海合作组织的发展互为机遇、相辅相成，都需要进一步密切人文交流。上海合作组织成员国和观察员国都是古丝绸之路沿线国家，都与“丝路精神”有不可分割的关联，“丝路精神”和“上海精神”具有异曲同工之妙，都顺应了和平与发展两大主题，其远期目标都是构建人类命运共同体。文化艺术交流合作，有利于为各国人民提供更好的精神指引，厚植各国人民友好合作的民意基础，让命运共同体意识更加深入民心。

研讨会期间，各国学者还参观了专题展览“我们永远在一起”，并观看了专题展演“琉特（lute）连着我们的心”。展览重点介绍各民族传统服饰、饮食风俗、毡房居所、勒勒车等特色传统文化样式和文化遗产项目。展演项目包括南音、西安鼓乐、敦煌舞蹈、木卡姆、阿肯弹唱、塔布拉鼓与西塔琴等，将上合组织各成员国与丝路沿线广大区域特有的文化艺术生动展示在观众面前。

论中国道路与国家治理体系建设的优越性
——以中国非物质文化遗产保护工作为例*

自联合国教科文组织倡导开展非物质文化遗产保护工作以来，中国为维护世界文化多样性和人类社会可持续健康发展做出了突出的贡献。在党和政府的正确领导以及全社会的共同努力下，中国特色的非物质文化遗产保护体系已经形成，这是中国智慧的结晶，也是中国对世界的贡献。从中国道路与国家治理体系建设的层面上讲，中国非物质文化遗产保护工作不仅是传承发展中华优秀传统文化的一种体现，更是中国制度优势、治理体系建构和经验优势的彰显，是一个值得深入系统研究的成功的、典型的案例。

一、国际新语境下的文化多样性维护

20世纪以来，世界格局飞速变化，生产方式的变革、全球化浪潮的冲击使人类传统文化面临严峻挑战。在这样的时代背景下，联合国教科文

① 本文原载于《中国社会科学报》2020年3月25日。

组织发起了全球性的文化遗产保护运动。随着保护运动的深入，人们开始意识到：第一，多样性不仅标示个性，更是不同文明之间对话的基础；第二，人类要继续发展，不同文明之间必须进行对话。

作为文明古国，中国拥有丰富的文化遗产。这些文化遗产不仅是中华民族的伟大创造，也是全人类共同的宝贵财富。自2004年加入联合国教科文组织《保护非物质文化遗产公约》以来，中国在非物质文化遗产保护方面取得了巨大成就，为维护世界文化多样性贡献出了中国智慧和中国方案。秉持着“和而不同”与“天下大同”的理想，中国深信文明的交融和相互促进是人类社会健康发展的主旋律。2013年以来，在“一带一路”的伟大倡议下，中国继续深入非物质文化遗产保护工作，积极推动人类不同文明之间的对话，为人类命运共同体的构建奉献中国力量。

二、维护世界文化多样性的中国智慧和中国方案

中国是一个多民族国家，中华民族是由许多分散孤立存在的民族单位融合形成的我中有你、你中有我，同时又各具个性的多元统一体。各民族在不同历史时期、不同地域，创造了独具本民族特色的文化形态。中华文化多元统一体格局的形成与发展，为世界贡献了丰富多彩的中华文化，是人类文化多样性的重要组成部分和维护世界文化多样性的核心力量。

同时，回顾中国文化传承发展的历程，我们还可以发现，中国自古以来就有尊重、珍爱传统的文化态度，以及善于整理、延续文化的优良传统，中华文明能够穿越数千年延续至今，正得益于此。从春秋战国时期的采诗观风，一直到清代《四库全书》的编撰、当代被称为“文化长城”的十部《中国民族民间文艺集成志书》的编纂，这一传统为我们留下了极为丰富、宝贵的文化遗产。今天的非物质文化遗产保护工作，正是这一传统的当代延续，是我们在新时代背景下，对传统进行的再阐释和文化整理运动。在这一过程中，我们重新认识自己民族的文化，并对其发展历程和未来有了充分认识，从而实现文化的自我觉醒、自我反省、自我再创造，反

过来更增强了对本民族文化的认同，从而建立文化自觉与自信。

经过十几年的探索和实践，中国非物质文化遗产保护措施向多样化、全面化发展，逐步形成了有中国特色的非物质文化遗产保护工作体系，保护成果位居世界前列。截至 2019 年，中国共有 32 个项目入选《人类非物质文化遗产代表作名录》，7 个项目入选《急需保护的非物质文化遗产名录》，1 项入选《保护非物质文化遗产优秀实践名录》，总数位居世界第一，类型的丰富在世界上绝无仅有。

三、由非物质文化遗产保护看中国道路与国家治理体系的优越性

作为联合国教科文组织《保护非物质文化遗产公约》的缔约国和政府间委员会委员，中国在加入后的十几年间所取得的成就，无疑得益于我国国家治理体系和治理能力的优越性。

（一）集中力量办大事的显著优势

中国历史悠久，幅员辽阔，民族众多，非物质文化遗产种类丰富，数量繁多。面对数量如此之大的非物质文化遗产，要对其进行保护，仅仅依靠个人或民间组织等少数群体的力量是远远不够的，需要党和政府在方针政策上予以正确指导，在保护工作中进行统一领导。

2005 年 3 月 26 日，国务院办公厅印发了《关于加强我国非物质文化遗产保护工作的意见》，提出我国非物质文化遗产保护的工作原则是：政府主导、社会参与，明确职责、形成合力；长远规划、分步实施，点面结合、讲求实效。之所以强调政府主导，是因为在中国，文化建设属于政府五大建设（政治建设、经济建设、社会建设、文化建设、生态文明建设）之一，是政府的主要职能。政府在非物质文化遗产保护工作中居于领导地位，是组织者和管理者。党和政府的统一领导，使中国非物质文化遗产保护工作环环相扣、层层落实、协调发展、稳步推进，各项方针政策和具体措施得到有力执行。在党中央、国务院的高度重视下，在地方政府和党委的领导下，经过各级文化部门的积极努力和社会公众的广泛参与，中国非

物质文化遗产保护工作取得突破性进展，初步建立起了有中国特色的非物质文化遗产保护制度。

1. 开展普查，摸清家底。为了摸清非物质文化遗产的家底，中国政府文化行政主管部门于 2005 年至 2009 年对全国的非物质文化遗产进行了普查，普查非物质文化遗产资源总量近 87 万项。

2. 设立四级名录体系。目前，我国的非物质文化遗产国家、省、市、县四级名录体系已基本建立。截至 2019 年，国务院批准公布了四批共计 1372 项国家级非物质文化遗产代表性项目；第五批申报已经启动。

3. 保护非物质文化遗产传承人。这是建立和完善非物质文化遗产保护制度的关键环节。国家文化主管部门自 2007 年至 2018 年相继评定并公布了五批共 3068 名国家级非物质文化遗产项目代表性传承人。

4. 设立非物质文化遗产保护生态区。对非物质文化遗产内容丰富、较为集中的区域实施整体性保护，是我国非物质文化遗产保护制度的一项重要内容。截至 2018 年，已设立国家级文化生态保护实验区 21 个（2020 年 6 月已扩展至 23 个），据说文化和旅游部非物质文化遗产司已经启动向国务院申报“国家级非物质文化遗产文化生态保护区”的工作。

可以说，非物质文化遗产保护彰显了我国国家制度和国家治理体系坚持全国一盘棋、调动各方面积极性、集中力量办大事的显著优势。

（二）以人为本、密切联系群众的显著优势

作为活态的遗产，非物质文化遗产要通过人的行为来展现，通过人的活动来传承，非物质文化遗产保护应坚持以人为本的原则。人是非物质文化遗产传承和保护的主体，文化依靠人来继承和传播，离开了人，任何优秀的文化也只能是海市蜃楼。

中国重视对非物质文化遗产传承人的保护，把传承人的保护放在关键地位，建立和完善了非物质文化遗产项目代表性传承人的评审认定体系。2008 年，文化部审议通过了《国家级非物质文化遗产项目代表性传承人认定与管理暂行办法》，明确了传承人的认定条件、应当提供的材料、认定程序和期限，以及传承人的权利和义务。2012 年，文化部启动国家级非物质文化遗产代表性传承人抢救性记录工程，将非物质文化遗产项目代表性传承人的抢救性记录列入《文化部“十二五”文化科技发展规划》。非物质文化遗产项目代表性传承人扶持计划被纳入《国家中长期人才发展规划纲要（2010—2020 年）》。截至 2019 年底，国家文化主管部门命名公布了五批国家级非物质文化遗产项目代表性传承人。为了支持国家级代表性传承人开展传承活动，财政部设立了国家级代表性传承人传习活动经费。省、市、县级非物质文化遗产项目代表性传承人的评审认定工作也在陆续展开。

此外，在政府主导非物质文化遗产工作的同时，我国非物质文化遗产保护工作遵循“政府主导、社会参与，明确职责、形成合力”的原则，通过多种途径促使全社会参与到非物质文化遗产保护中。非物质文化遗产的保护，不能仅仅停留在政府保护的层面上。非物质文化遗产的保护与传承既需要政府的主导，也离不开全社会的广泛参与，尤其是其保护与传承主体——广大民众的参与。近年来，中国政府全面深入开展社会普及教育工作，进一步扩大非物质文化遗产保护工作的影响，增强人们关注遗产、保护遗产的文化自觉，使非物质文化遗产保护意识深入人心。这些措施，无不彰显中国国家制度和国家治理体系密切联系群众、紧紧依靠人民推动国家发展的显著优势。

（三）坚持全面依法治国、坚持改革创新的显著优势

要保护非物质文化遗产，法律和政策的规约和保障必不可少。在法治化建设的大环境中，中国非物质文化遗产保护十分注重以法律为依据开展相关的工作，相关立法工作逐步有序展开。

2005 年 3 月 26 日，国务院办公厅印发了《关于加强我国非物质文化遗产保护工作的意见》（以下简称《意见》），明确提出非物质文化遗产保护工作的重要意义、工作目标和指导方针。

2006 年 10 月，文化部通过了《国家级非物质文化遗产保护与管理暂行办法》，作为与国务院办公厅的《意见》相配套的部门规章，进一步细化了《意见》的有关内容。

2008年6月，文化部发布《国家级非物质文化遗产项目代表性传承人认定与管理暂行办法》，是与国务院办公厅的《意见》相衔接的部门规章。

2011年2月25日，第十一届全国人大常委会第十九次会议审议通过了《中华人民共和国非物质文化遗产法》（以下简称《非遗法》），并于6月1日起正式实施。《非遗法》共六章四十五条，分为总则、非物质文化遗产的调查、非物质文化遗产代表性项目名录、非物质文化遗产的传承与传播、法律责任以及附则。

《非遗法》的颁布，标志着中国非物质文化遗产保护进入了有法可依、依法保护和实施的新阶段，显示出中国国家制度和国家治理体系坚持全面依法治国，建设社会主义法治国家，坚持改革创新、与时俱进，善于自我完善、自我发展的显著优势。

（四）弘扬中华优秀传统文化、促进社会和谐的显著优势

保护非物质文化遗产的核心内容就是保护传统文化，保护文化多样性。非物质文化遗产是中国传统文化的重要组成部分，体现了特定民族或群体的文化精神和情感、特有的思维方式、传统价值观念和审美理想，因此成为各个群体和团体自身文化认同的重要来源，是增强民族凝聚力、维护民族特性的重要途径。对于中华民族而言，非物质文化遗产是民族的情感基因，是集体记忆的根源，也是我们今天与过去的沟通渠道。在很多物质文化遗产随着战争、自然灾害等消亡的今天，我们还能“礼失求诸野”，通过非物质文化遗产这样活态的遗产，在民众的生产生活中探寻传统的痕迹，因此中国非物质文化遗产的保护应该立基于“从民族发展战略的高度、以民生利益作为出发点和归宿点、以民众的生产生活为切入点”。

面对人类社会的问题与危机，我们必须在文化创新的同时，努力寻找和利用各方面的智慧以及资源。作为人类智慧与创造力的结晶，非物质文化遗产中蕴含着丰富的思想资源。当我们面对经济全球化所不能解决的人类和谐生存、可持续发展的精神走向等问题时，或许可以将视野转向民间，向老者智者、古法存礼求知，在传统中寻求启迪乃至答案。

（五）积极参与全球治理，为构建人类命运共同体不断做出贡献的显著优势

非物质文化遗产不仅是国家和民族历史成就的标志，也是不同文明之间增进了解、促进交流的重要基础之一。在非物质文化遗产保护的过程中，中国通过不断深化国际交流与合作，持续拓展对外交流合作渠道，日益提高国际影响力，获得了国际社会的广泛认可和好评，巩固提升了中国文化的国际话语权和影响力。

首先，中国积极参与非物质文化遗产保护国际规则的制定工作，推动了《保护非物质文化遗产公约》的制定，是认真履行缔约国义务、积极推动公约实施的主要国家。其次，中国积极参与国际交流与合作，注重学习、借鉴他国非物质文化遗产保护的成功经验，如在法国巴黎成功举办了中国非物质文化遗产艺术节，与蒙古国联合申报蒙古族长调民歌为“人类非物质文化遗产代表作名录”项目，并签订合作协议等。

中国还积极参与了联合国教科文组织《人类非物质文化遗产代表作名录》《急需保护的非物质文化遗产名录》和《保护非物质文化遗产优秀实践名录》的申报工作，是世界上入选名录项目最多的国家，这表明了国际社会对我国非物质文化遗产保护工作的充分肯定。可以说，非物质文化遗产保护工作彰显了中国积极参与全球治理、促进构建人类命运共同体的显著优势。

中国特色的非物质文化遗产保护体系，是中国为保护世界文化多样性做出的杰出贡献，是我们为推动人类社会的健康发展做出的努力。面对现代化、全球化带来的诸多挑战，非物质文化遗产保护“道阻且长”，我们还将继续努力。中国智慧和中国方案，代表着中国既是历史悠久的文明古国，又是有责任感、使命感的大国。这种担当将使人类命运共同体建构的脚步走得更扎实，为实现世界共同健康发展、繁荣注入强劲的推力，增添不竭的动能。

姚黄魏紫皆可期

——泉州南音（弦管）传承传播新形态之高校南音教育观察*

由泉州师范学院推出的科研新成果——《泉州南音（弦管）集成》（吕锤宽辑著，王珊主编，全36卷，已出版30卷，以下简称《集成》），是目前南音调查与研究之集大成者。其关于“泉州南音（弦管）”这一称谓的确定，以及对于南音传承传播理念的书写，是与包括《泉州南音论丛》在内以及前辈南音人与诸多学者对南音的贡献分不开的。此部分可参阅《集成》相关内容，兹不赘述。

《泉州南音论丛》（以下简称《论丛》）是论文集，汇集了泉州师范学院泉州南音学院（以下简称南音学院）硕士研究生的学位论文。《论丛》第一辑已于2017年3月出版，第二辑的出版，因笔者之故延宕了不少时间，不过也提供了继续深入思考的机会。慎思之后，笔者建议将《论丛》改名为《泉州南音（弦管）文化论丛》，之所以如此，将另文讨论。

泉州南音（弦管）文化在当代高校及社会的教学教育实践、传承推介传播，是笔者近20年的重要学术关注点，理当进一步研究讨论，所以作

* 本文原载于王丹丹主编《泉州南音论丛》（第二辑），厦门大学出版社2019年版。

此为《论丛》代序。

泉州南音（弦管）与其源生地、当代传承传播核心区域泉州的民众，与闽南地区、中国台港澳地区、东南亚诸国等泉州南音（弦管）传播区域中闽南人的生产生活关系如何？众多南音研究者于此多所着力，颇多成果问世。《论丛》中收录的这些南音方向研究生的研习成果尽管渗透了指导教师的心血，但难脱稚嫩。而对于南音文化的传播传承而言，我们需要给予的是宽容，更需要对其未来的可能充满期待—— 一片蓊葱的苗圃，其间当有参天大木长成……

什么是南音文化？研究弦管者（关于南音或弦管，弦友的称谓还有南管、南乐、南曲、郎君唱等）首先需要界定这个概念。笔者在《从文化发展战略的高度认识南音文化保护的意义》一文中，对南音文化做了这样的界定：南音文化（是该文化）持有者、习得者和享用者的生活方式和生命体验过程，包括所有南音持有者、习得者、享用者所共有的语言、传统、习惯和制度，有激励作用的思想、信仰和价值，以及它们在物质工具和制造物中的体现。也就是说，南音文化涵盖了历史衍生发展过程中积淀下来的诸多层积及其相关的文化空间与物件，所积淀形成的习俗仪轨、规约制度、价值认同、精神信仰，包括被当下持有者、习得者、享用者视为传统并依凭着这些传统在日常生活中展示出来的所有行为及相关规范。

在泉州南音（弦管）领域，传统的弦管文化生态样貌如何？弦友世界是如何结构的？传统的弦管文化存续方式及其文化子项表现方式有哪些？传统的弦友习得方式有哪些？馆阁、馆先生、弦友，踢馆、拜馆，整弦、排场……我们只能从有限的文献中找到一些信息，有时候只能透过这些文献去想象当时的客观存在。调查研究显示，厦门港开埠之初就有艺旦从事弦管演唱，艺旦挂牌营业，“卖艺不卖身”，女性参与弦管传习且“技艺”不一般，是客观存在。再往前追溯到明代，龙彼得先生发现并整理、研究的《明刊三种》当是弦管研究“可信的历史”文献之一，其中插图亦显示有女性弦友……对弦管不同历史发展阶段的生态考察表明：其不仅仅是今天我们看到的南音馆阁这种存在方式，还是以一个历史时段的阶层、性别形态面貌展现了千百年的传播传承历史事实。作为表演艺术形态的弦管（南音），无论是古人“东湖弦管”诗句中的描述，还是今人“宋代勾栏”里的猜想，或是局外人俗称的“堂会”，抑或是在泉南古厝厅堂（包含在广义的馆阁存续中），其存续状态都不完全是“高雅的自娱自乐”，或者说只有“士绅音乐”一种形态延续。我们可以暂时搁置对馆先生的行为方式的争论，但是从社会传播、传承方式看，不教“艺人”，“艺人”如何习得并达到“挂牌应点”的水准？弦友们不会沦为以“南音之艺”为生，又是谁有能耐为这些“艺人”提供管弦伴奏？茶楼舞榭的生意如何吸引“人客”，如何招徕、延续？因此馆阁传习之外的社会阶层的传习大约是无可避免的，这仅是以厦门港某一个历史时段为例的说明。其他如道士道场中的南音（弦管）存续、弦管音声在佛教仪式中的广泛运用，乃至于《南海观音赞》等曲目对南音曲库、对弦管的补充、反哺，都可以进行深入探讨。

自从弦管被叫作南音，虽然约定俗成，但为了有别于《吕氏春秋》中的南音，以及诸如粤港澳曲艺的南音等，人们讨论“南音”往往要加上“泉州”二字。除了作为限定语的意义，背后彰显的是其数百年间传承传播于此的历史事实。远及东南亚诸国，近布漳州、厦门以及台湾地区，南音（弦管）已经成为彰显闽南人族群特征的文化标签。就历史行政区辖而言，台湾、莆田也曾隶属于泉州府，更毋庸说厦门。至于晋江——以“晋人南迁沿江而居”闻名者，曾经管辖过泉州城区，“玩南音”“敕桃弦管”时也皆操“泉州鲤城古音”以延续“河洛旧韵”。

千年古乐的历史延续至今，泉州师范学院南音学院的教师和同学们在当代南音（弦管）传习方面被赋予了什么角色？应给予什么样的定位？更重要的是，他们应该有什么样的担当？

毋庸置疑，他们是当代弦管传习的客观存在和生力军，应该得到社会的广泛认同。同时，他们有责任去履行历史传续的使命——这是南音学院和南音学院师生的应有之义。从国家到省市的教育行政主管部门、文化和旅游行政主管部门，尤其是地方政府相关部门，应该给予政策倾斜，让担当者可以义无反顾。

而南音学院，该如何真正担当起这个历史责任？

南音（弦管）通过学校传习，最早肯定不是南音学院。粗粗梳理了一下，学校传习不能忽视如下两方面力量。一个是南音乐团的团带班，以及因为培养演员而出现的艺校教育（包括省艺校的某些专门方向的班），虽然这些还是原来的馆先生到学校任教，但教与被教的关系已转换为现代师生关系。一些优秀的唱家、奏家、传承者被培养出来，持续影响着一代又一代后来人。泉州艺校、福建省艺校南音班，福建师大音乐学院的南音教学探索，厦门艺校为南乐团的人才培养等，都如是功不可没。另一个不能忽视的是在福建各级政府，尤其是泉州、厦门市政府倡导下的南音大会唱活动，以及南音大会唱之后的南音进中小学课堂活动，撒下了无数南音文化的种子。众多学校开设南音兴趣班，文化系统组织专家编写教材、选择曲目，尤其是在“升学加分”的刺激下，在诸多赛事的渲染中，在各级政府不同方式的推动下，在校学生学习南音成为时尚，引起全社会的关注，也引起音乐学术界、文化行政部门的关注，乃至于为此成立了南音研究院。20 世纪 80 年代热潮过后，在“非遗保护”“申遗热潮”下，南音再次成为社会关注的热点。进入 21 世纪，这些积累，正促成新的传习方式，并恰逢其时地成为稳定的传习方式。来自地方的南音，从高校音乐学（大专学制）的南音选修课迅速发展成为一个音乐学（南音方向）、艺术硕士音乐领域专业人才培养的专业方向，这在全国、全世界也是少见的。

1990 年前后，作为《福建艺术》刊物的编辑，笔者有较多机会接触南音以及关于南音研究的稿件，重新燃起对南音和南音学校教育的热情，曾多次游说当时在教育教学岗位的泉州友朋介入南音教育事业。据说，泉州师范学院前身之一的泉州师范学校音乐组就在这一时期开设了南音选修课。2003 年，又有两件事情促成了“南音引入高校专业设置”：其一是国际传统音乐学会（ICTM）在福建召开研讨会，其中有一个分会场在泉州；其二是浙江人民出版社要出版一套《人类口头与非物质文化遗产丛书》，作为非物质文化遗产的一个重要项目，南音被列入计划，副主编傅谨将此任务派给了笔者。撰写过程中，笔者与合作者王珊多所讨论，在讨论中，将南音引入高校专业设置，从原来的一门选修课程到构建高校课程体系，再到一个南音专业方向的人才培养方案，从一个研究方向到一个特色学科建设方向，想法逐步成熟起来，包括南音考级的设想……想法有了，但在音乐学专业的旗帜下设置南音课程、编撰教学计划、礼聘弦管教师、编著南音教程等，都是王珊一力促成，她带着她的团队完成了我们共同的梦想！如今斯人已逝，可以告慰于她的，当是南音还会继续辉煌下去的未来！

十多年来，约300名南音本科毕业生融入中小学教师队伍，成为南音学校教育主力军，也成为活跃在南音馆阁、社会文化活动中的新生力量；还有十几名硕士毕业生，业已成为南音文化传承传播的骨干力量。

于专业发展和学科建设而言，学术研究是基础。十多年过去了，虽然泉州师范学院南音教学推动培养的教师还不够多，众多教师和毕业生尚未能有更大的学术成就，但相对于千年之久的古乐，区区几十年显然不足以毕其功于一役。根据教育部的相关要求实行双轨制，南音学院依然延续着让国家级、省级代表性传承人和南音乐团演员承担南音教学的方式——让各级代表性传承人活跃在我们的课堂始终是我们需要坚持的，有了泉州南音学院这样一个旗帜鲜明的阵地，我们可以一代一代地培养教师，一代一代地培养学生，一代一代地将南音文化不绝如缕地传承下去。

怎么看待这个阵地，是很重要的认识问题。

从历史传承的角度看，南音学院是一种新的传承方式，是适应当代社会发展需要的一种南音文化传承方式。学院培养的学生是现今南音文化传承传播的生力军，非常适应当代社会发展形态：他们会在网络虚拟空间、在不同的媒体介质中和多样的平台结构上传承传播南音文化，从更多层面渗入到当代闽南文化的传承传播之中，在这样的传承传播当中起到越来越大的作用。南音工作坊已经在上海、福州、敦煌、南宁、太原等地，在教育部有关领导和国内外诸多专家面前多次展露风采；“南音进百所高校计划”已经走过十几所大学并在逐年落实之中。南音办学成效显著：2017年获批教育部普通高等学校创建中华优秀传统文化南音艺术传承基地；“服务地方特殊需求人才培养项目”艺术硕士专业学位点通过第一轮验收评估工作；《面向国家特殊需求的南音学科专业创建和人才培养体系构建与实践》获福建省第八届高等教育教学成果特等奖；“音乐与舞蹈学”入选福建省一流学科；南音特色专业教学科研团队入选福建省本科教学团队；艺术硕士（南音方向）专业学位研究生导师团队入选福建省研究生导师团队；南音新作《凤求凰》入选 2017 年度全国舞台艺术重点创作剧目名录，《凤求凰》的创作展演得到社会的检验，正设想向国内国际更广大的平台推广。还有更多创意举措，诸如将南音与泉州地方代表性的文化符号结合推介等，都在落实当中。这样的一些探索，是泉州师范学院南音学院师生学习和工作的重要内容，值得更多的赞许和奖掖。每当他们的工作和学习结出硕果，《泉州南音（弦管）文化论丛》的生命就得到了延续。

南音（弦管）的传承传播发展问题，不是一件小事，是一个关系文化发展的大事件、大问题。它不仅仅关涉文化认识问题，也是一个在一定的价值观指导下的行为方式践行的问题。其基于历史延续下来的价值取向，通过适应当代社会发展需求的创造性转化，推动创新性发展，重新建构价值体系或补充重构、完善价值体系，并回到社会生活中指导、影响习得者的行为方式，以此循环反复，不断发展。这是符合文化、历史发展基本规律的。南音（弦管）文化的传承传播问题、未来发展问题，是值得从文化发展战略的高度去看的大问题（详见《从文化发展战略的高度认识南音文化保护的意义》一文），可以期待它在未来发展成为一个文化范例。我们也期待有更多类似的文化范例在中华大地发生、延续，不断推动中华民族实现伟大复兴、行稳致远。

“一带一路”视野下中华文化传承传播研究
——以南音在香港的传承传播为例*

一直以来，香港凭借其独特的历史地理条件，成为中外文化交流的桥头堡，在中华传统文化的海外传承传播方面起到了重要作用。香港文化既有中国传统文化的深厚积淀，又经历了西方文化的迅猛冲击，呈现出古今合璧、中西交融的开放、多元色彩。正是在这样的文化格局之中，来自闽南的一支清曲——南音，随着闽南人拼搏的脚步流播香港。从此，香港成为连接海内外南音人的重要枢纽，极大地促进了南音在海外的传承传播，为传承中华传统文化、促进海内外华人的文化认同做出了重要贡献。

一、香港——中外文化交流的桥头堡

香港自古以来就是中国领土不可分割的一部分。公元前214年，秦朝派军平定百越，置南海郡，香港隶属番禺县管辖。从此直至清代，香港均

---

* 本文与宁德师范学院讲师黄欣合著，为“上海合作组织：迈向人类命运共同体文化交流大会暨2019第四届‘一带一路’文化艺术交流合作国际学术研讨会”参会论文。

置于中央政权的管辖之下，并随着中原文明向南迁播，逐渐发展起来。

香港本土文化是岭南文化的一部分，岭南文化则是中华传统文化的重要组成部分。岭南，即中国五岭以南地区，背山面海的地理环境，赋予岭南对外交流的先天优势，使中原文化、海洋文化、外来文化在此交融，造就了岭南文化开放、包容、多元的色彩。正是这样的文化特质，香港即使经历了百年的殖民统治，仍然保留着中华传统文化的深厚积淀。今天，中国传统文化仍浸透在每一个普通香港人的日常生活中，体现在语言习惯、传统习俗、礼仪节庆、文化生活等方方面面。

依托优越的地理位置，香港很早便在中国对外通商中扮演重要角色，是华人在东南亚商贸的转运中心。19 世纪中期清朝战败后，英国对其实行殖民统治，经历了 150 多年的屈辱历史。在被殖民统治的百余年间，作为资本主义的自由港，香港受到西方文化的猛烈冲击。列强对香港实行了文化霸权政策，在香港极力宣传、灌输西方文化。他们在香港推行西方的政治制度和法律制度，将英语设立为官方语言，并且在文化、教育等方面加强西方文化的影响。

但是，百年的殖民统治并不能抹消数千年的文化积淀，香港与内地传统文化的联系是无法割断的。直至今日，香港文化仍然是以中华文化为底色，融合西方文化的文化形态。20 世纪 70 年代末，内地实行改革开放政策，香港与内地之间的经贸、文化交流得以加强。依托现代资讯设备与出版系统，香港学者得以与内地学者沟通交流、互通信息，为进一步研究和推介中国传统文化提供了方便与条件，使香港社会对中国传统文化的认识有了进一步提高。[①] 香港回归之后，实行“一国两制”制度，香港自由市场的资本主义经济体系得到延续，对外经贸文化交流进一步发展。

作为中外文化交流的桥头堡，香港在中华文化海外传承传播中起到了不可替代的作用。数百年来，中华传统文化以香港为枢纽，向东南亚乃至

① 参见裘汉康《香港学者对中国传统文化的研究与传播》,《中山大学学报》(社会科学版)1997 年第 3 期。

全世界辐射。这些流播海外的中华传统文化，不仅蕴含中华民族的文化记忆与文化基因，促进海外侨胞对本民族的文化认同，凝聚了海内外的中华儿女，也对其他国家的文化产生影响，丰富了世界文化的多样性。

二、泉州南音在香港

（一）南音简介

南音源于泉州，是一种具有浓郁地方特色的古老乐种，两汉、晋、唐、两宋等朝代的中原移民把音乐文化带入以泉州为中心的闽南地区，并与当地民间音乐融合，形成了这种具有中原古乐遗韵的文化表现形式。它古朴幽雅，深沉温柔，数千年来流行于泉州、厦门、漳州一带闽南语系地区，并且随着泉州人的脚步流播四方，在台湾、香港、澳门、东南亚等地有广泛的影响。

南音由“指”“谱”“曲”三大部分构成完整的音乐体系。“指”即“指套”，亦称“套曲”，是一种有词、有谱、有指法的比较完整的套曲，每套套曲由二至七首散曲组成；“谱”是有标题的器乐套曲，附有琵琶弹法，没有曲词，以琵琶、洞箫及二弦、三弦为主奏乐器；“曲”即散曲，又称“草曲”，只唱不说，有谱、有词，一般由琵琶、洞箫、二弦、三弦四件主要乐器伴奏，内容主要取材于唐传奇、宋元话本及明代戏剧人物故事。

南音的演奏演唱形式为右琵琶、三弦，左洞箫、二弦，执拍板者居中而歌，这与汉代“丝竹更相和，执节者歌”的相和歌表现形式一脉相承。南音以泉州鲤古音为标准，即“操古音”，“古音”保留了中原古汉语音韵，演唱时讲究咬字吐词、归韵收音。常见的南音乐器组合是由琵琶、三弦、洞箫、二弦四件构成的“四管”。四管合奏之美唯“和”为贵，以琵琶为主，洞箫的音色圆润柔和，二弦的声音娴静温和，琵琶、三弦的配合如声声珠玉，精巧点缀，并与洞箫、二弦协调一致。这种特殊的乐器组合，可以说是独一无二的演奏形式。

泉州南音既是中国传统音乐的一部分，又是闽南文化的一部分。泉州南音的唱词和演唱活动就集中地呈现了这一复杂的特点：一方面它弘扬着中国传统文化中的儒、释、道思想，体现了中国传统文化中的仁、义、礼、智、信，如深受闽南人喜爱的《三娘教子》就集中体现了中国传统伦理情感；另一方面，它又宣扬闽南文化，倡导闽南文化中“团结协作”“重情尚义”“睦邻和谐”等集体文化性格，泉州南音中的许多内容表达了这种精神内涵，成为鼓励一代又一代闽南人往外走的精神源泉之一。

经历千百年的发展，南音已经融入闽南民众的生活里，渗透到闽南人的生命历程中，无论是婚丧喜庆，还是宗教仪式，处处可见南音的身影。明清以来，出现几次大规模的移民热潮，南音随着闽南人的迁徙流播四方。除了闽南地区的泉州、漳州、厦门和香港、澳门、台湾地区以外，南音还流播到菲律宾、印度尼西亚、新加坡、马来西亚、泰国、缅甸、越南等国家，成为海外侨胞和港澳台同胞世代珍视、竞相传唱的乡音。在南音文化圈中，难以计数的南音馆阁数百年来持续不断地延续着南音文化的命脉，代代相传，直至今日。

（二）香港南音流播概况

南音在香港传播的主要载体是香港的闽南人。闽南人移居香港历史悠久。清末英国对香港实行殖民统治，并以此作为东南亚地区的英治商贸中心。作为实行资本主义的自由港，1949 年前的香港实行人口自由进出政策，经济的高速发展吸引了包括闽南人在内的大量外来劳工入港。同时，清末以来，为了躲避连年战乱和社会动荡，许多福建沿海居民陆续移居香港，其中包括许多从事东南亚贸易的福建人。据统计，民国时期，香港人口增加约八倍，其中以广东和福建人居多。作为中国通往世界的重要中转站，许多内地移民取道香港，前往东南亚等国家。

20 世纪 50 年代末期，香港局势渐稳，各国华侨逐渐回流，大量资金涌入香港，引发新一轮赴港热潮，众多内地人口由广东至港。20 世纪 70 年代初，正值西方国家进行产业转移，香港抓住机遇，积极调整产业结构，经济快速发展，而此时的内地，受“文革”影响，社会发展几乎停滞。面对这样的局面，许多闽南人选择移居香港，其中以泉州地区的晋江、石狮人居多。此外，由于当时一些国家还未和中国建交，香港成为闽南移民出国必经的中转站，大量申请出境者需在香港停留，等待办理出境手续，在这一过程中，有许多人在此滞留甚至定居。闽南人的大量迁入催生了香港的闽南人聚居区，如香港的北角，至今仍有“小福建”“小闽南”之称。[①] 据统计，目前香港的闽籍人口超过百万，其中泉州人 80 万，晋江人 40 万。

数量众多的闽南人不仅改变了香港的人口构成，也为香港带去了独具特色的闽南文化。人在他乡，谋生不易，闽南人组建起各种社团，相互帮扶。这些社团成为闽南传统音乐、戏曲在香港传承传播的重要载体。大凡举办南音社、戏剧社，进行各种集体活动，大多由会馆社团牵头。这些闽南传统文化表现形式，既丰富了在港闽南人的精神文化生活，寄托着他们的乡愁，也维系着他们对闽南文化的认同，增强了在港闽南人的凝聚力。其中，海内外闽南人共同的乡音——南音依托香港这个枢纽，沟通着海内外的众多闽南人，将远飞的游子的心牢牢地系在了故乡与故国身上。

除了闽南人，南音在香港传播的另一条路径是通过与台湾的文化交流。清代泉州施琅带兵攻入台湾后，大量闽南人进入台湾，南音随之传入。中华人民共和国成立后，两岸陷入封锁状态，民间交往停滞，但南音在台湾仍然得到了较好的传承和传播。这一时期，香港与台湾之间的经济文化交流仍然十分频繁，台湾南音便随民间交往流播香港，并且“和以前内地劳工输出期带来的泉州南音(闽南劳工称作乡音)汇合,继续传播至今”[②]。

（三）香港代表性的南音社团

南音社团是香港南音传承传播的重要载体。目前香港代表性的南音社团主要有香港福建体育会南音组、香港晋江同乡会南音社、香港旅港莲潭同乡会南音社等。

---

① 参见朱东芹《闽南侨乡新移民：形成、分期与特点》,《南洋问题研究》2016 年第 1 期。

② 李寄萍:《南音“郎君”文化现象及海内外传播方式》,《泉州师范学院学报》2004 年第 3 期。

1. 香港福建体育会南音组

香港福建体育会由旅港福建人士在闽籍知名人士陈嘉庚、胡文虎、郭春秧等人的支持下，于 1925 年组织创办。抗战期间，受香港沦陷影响，该会的所有活动一度终止。1947 年复会，先后由张石泉、黄长水等担任理事长，以提倡中国武术为当时活动的重点。而后，受香港局势动荡等因素影响，会务再度停顿。所幸，在众多人士的共同倡议下，会务于 1956 年逐渐恢复。此后，该会积极开展体育文化活动，借以团结旅港福建同乡，联系海外特别是东南亚等地闽籍侨胞。

1957 年，香港福建体育会正式复会，先后推选陈厥祥及黄福俊任理事长。1976 年，由于会员、会务的日益增加和扩大，香港福建体育会正式改组注册为有限公司，先后推选庄材雁、林诚致、王为谦、陈金烈、李群华、陈瑞添、苏千墅等担任理事长，自第十一届起，聘请洪祖杭、林树哲先生为会长。香港福建体育会虽名为体育会，但并非纯粹的体育团体，除了进行各项体育活动之外，还积极开展南音、戏剧等各种类别的文化活动，并且热心组织乡亲、侨胞侨眷之间的各种活动事宜，通过上述活动，团结广大乡亲与工商界人士，联系海内外侨胞侨眷。

香港福建体育会南音组位于香港北角蚬壳街，是香港现存历史最为悠久的南音社团，距今有近百年历史。香港福建体育会自成立初始便十分重视南音在香港的传承和发展，专门设立了南音组，先后邀请许秋声、纪经亩、吴道长、张孙典、王为谦、林诚致等多位南音名师到港传授南音技艺。在这些名师的悉心教导下，香港福建体育会南音组蓬勃发展。除了重视南音唱奏技艺的提高、人才的培养，体育会还多次举办南音演奏会，并且积极参与海内外南音的交流活动，多次组团参加东南亚南乐大会奏，出席历届泉州、厦门元宵南音大会唱，并与中国台湾及菲律宾、新加坡、印度尼西亚、马来西亚等地弦友频繁交流，为传承传播南音文化做出了突出的贡献。①

① 参见福建南音网 http://www.fjnanyin.com。

2. 香港晋江同乡会南音社

香港晋江同乡会位于香港北角堡磊街，成立于 1985 年。该会成立之初，首任会长王为谦便积极倡导开展南音活动，组织闽籍南音弦友进行南音演唱。其后，在第三、四任会长施子清的热心促成下，该会弦友多次出访其他国家和地区进行南音交流演出，备受好评。1993 年 8 月 6 日，在第五届会长卢温胜先生带领的董事会就职典礼上，该会南音组宣布成立。2005 年春，易名为“香港晋江同乡会南音社”。

香港晋江同乡会十分重视南音社的发展，自南音社成立以来，每届董事会均委派一位常务董事分管南音事务，每年拨专款供南音社活动，并且提供晋江同乡会会所作为南音社的活动场地。香港晋江同乡会南音社荣誉社长由历任同乡会会长担任，包括王为谦、施子清、卢温胜、庄菊生、吴天赐、施世筑、颜乾成、苏千墅、姚加环、施教明、洪建筑等。本届南音社由享誉海内外的南音演唱家王丽珍女士出任社长，南音名师王良材、著名乐师蔡远丕及知名弦友施惠珠任副社长，南音专家施纯乙任艺术指导。

南音社重视南音技艺的提高与人才的培养，并且通过录制南音唱片、组织南音表演等方式，促进南音的宣传推广。香港晋江同乡会南音社多次参与香港闽籍社团、香港立法会及区议会举办的各种大型庆祝活动及南音专场巡回表演，不仅为在港闽南民众带来熟悉的乡音，也丰富了香港市民的文化生活，为中华优秀传统文化融入香港社会做出了贡献。此外，该社还多次组团前往东南亚国家及中国台湾、澳门、厦门、泉州等地区，与海内外南音团体进行交流会演，切磋技艺，赢得了无数的喝彩和赞誉。1994 年，香港晋江同乡会南音社与泉州市鲤城区南音研究社缔结为姐妹社。在“走出去”的同时，该社也积极推动海内外南音社团来港进行南音交流，增进香港与各地乡亲的情谊，也提高了香港南音的艺术水平。①

① 参见香港晋江同乡会秘书处《南音乡曲 飘扬香江——香港晋江同乡会南音社简介与专辑序言》。

3. 香港旅港莲潭同乡会南音社

莲潭属晋江市内坑镇，香港莲潭同乡会成立于1993年，首任会长杨连嘉，历届会长有杨振森、杨振南、杨联盟等，现任会长为杨鸿江，林树哲任永远名誉会长。该会创立以来，成为海内外莲潭杨氏宗亲交流、沟通的平台，队伍不断发展壮大。

2011年，泉州市老年大学校长杨罕治赴港，鼓励该会成立南音组，香港旅港莲潭同乡会南音社因此成立。该社位于香港北角英皇道，南音组成立后积极开展活动，定期组织社员进行南音演奏，热情好客，吸引四方弦友前来交流。此外，同乡会还通过自发捐款等方式筹集资金，支持南音社活动。①

三、传承千年古乐，促进文化认同

（一）南音国际大会唱与海外南音文化圈

南音作为闽南的传统文化表现形式，以其深刻的精神文化内涵，镌刻在了闽南人的生命历程之中。然而，真正显示泉州南音与闽南文化的血脉关系，代表着更深层次的“文化记忆”的，并不是人们口头传唱的那些符号，而是使用这些符号的另一种群体行为——南音大会唱。

传统南音的活动常和民俗节日联系在一起。南音大会唱是弦友切磋技艺、交流心得的重要乐事活动。它开始于1977年的新加坡，但其源头可追溯到南音的拜馆、探馆、拼馆②等传统乐事活动。从某种意义上讲，它是传统乐事活动的当代变体和规模扩大化。自1981年泉州市首届元宵南音会唱以来，南音大会唱成了闽南地区的新民俗。在“共一轮明月，唱百代乡音”的号召下，南音大会唱成为维系海外游子和祖国乡亲的情感纽带，成为海内外弦友寄寓乡情、增进了解、切磋技艺的平台。

---

① 参见福建南音网 http://www.fjnanyin.com。

② 拜馆、探馆、拼馆都是流传于民间的说法，一般由来访的南音弦友对本馆南音弦友提出挑战，是一种民间的竞技行为。

自1981年元宵佳节泉州举办“首届元宵南音会唱”以来，南音国际大会唱已先后组织了11届（截至2015年）。每次会唱均吸引大批来自菲律宾、马来西亚及中国香港、台湾、澳门等地的知名乐社和知名弦友。会唱同时还带来巨大的经济效益，因会唱而归的弦友，往往并不只是简单唱和，他们同时会在家乡选择合适的投资项目，或注资办厂，或修路架桥，或捐助办学，30多年以来，由会唱带来的潜在经济效益无法用数字衡量。

南音大会唱之所以能够吸引如此多的弦友不远万里归来，并带来如此大的社会效应和经济效益，正是因为其所伴生的文化认同。根据文化认同理论，人类之所以会形成文化认同，是因为人类以群体为单位而生存，因此必然会形成对事物的共识，这种建立在以劳动实践、自身发展、族体归属、自然崇拜为核心的原始宗教基础上的人类文化认同，一旦产生，很难改变。它会在人们的头脑中形成一个支配人的行为，创造、左右人的观念的认同体系。

文化认同最基本的载体是个人，无数个人对文化的认同构成一个群体对于文化的认同。个人对于文化的认同是有层次的：首先，对文化本体的认同，这是文化认同的最高层次，人们生活于一种文化之中，对于哺育了自己的文化的认同，是对其他事物认同的前提，但这种认同往往只是概念性的，并不具体；其次，对家庭、家族等血缘关系的认同，这种认同比较具体，导致了社会的基本关系；最后，对于自身文化体系中其他要素的认同，这种认同源于人们对事物的认识、经验和创造。南音大会唱所显现的文化认同是这三者的综合。

多少年来，众多闽南人背井离乡，历经千辛万苦在外打拼，异域生活的无法融合使得他们必须从民族的认同中找寻生活的力量，这就是一种本文化的认同，他们始终坚持中国的传统节日，很难改变自己的生活习惯。当这种认同缩小到一个地域的时候，就与家庭、家族等地缘、血缘关系的认同有着莫大的关系，“闽南语”作为他们认同的前提，使得他们以各种形式在海外结成团体。在各种各样的团体中，以“南音”这一业缘作为维系条件的则显示了文化认同中的第三层次——对于自身文化体系中其他要素的认同，它区别于本文化认同的概念化和地缘认同的单一化，呈现出文化认同中更加细微的形式。

为了联络乡情，闽南人以地缘、血缘、业缘为基础，在港澳台以及海外成立了许多社团组织，这些社团组织对推动华侨华人的发展进步起到了很大的作用。“南音社”就是一种比较普遍的以业缘为基础的社团组织。通过参加南音社，在外的闽籍同胞不仅可以聊慰乡思，更重要的是，还可以多结交同乡好友，参与社会福利事业，例如，菲律宾长和郎君社从成立伊始就抱定服务侨胞的宗旨，香港福建体育会则以联络乡谊，提倡体育、文娱，增进福利为宗旨。通过这种方式，人们找到了一条回溯记忆、回溯家乡的“通路”。

（二）从南音国际大会唱看香港在文化向外传播、促进文化认同方面的作用

香港虽然不是南音的原生地，却依托连接中外文化的枢纽地位，成为南音海外传承传播的重要通道，联系着海内外的众多南音弦友。特别是20世纪70年代以来，香港南音社团积极促成并参与了多次南音国际大会唱活动。

1977年9月，在新加坡湘灵音乐社前社长丁马成先生的倡议下，首届亚细安南乐大会奏顺利举办，来自菲律宾、马来西亚和印度尼西亚等东南亚国家的南音社团应邀参加了此次大会奏。首届亚细安南乐大会奏的举办，拉开了此后一系列南音国际交流的序幕。

香港与南音国际大会唱的缘分始于第二届亚细安南乐大会奏。“1979年5月，菲律宾马尼拉弦管联合会在首都马尼拉主办了‘第二届亚细安南乐大会奏’……还邀请了台湾及香港地区的南音社团参加。同时大会还决定将‘亚细安南乐联谊筹备会’更名为‘东南亚南乐联谊会’，将‘亚细安南乐大会奏’更名为‘东南亚南乐大会奏’，并吸收香港为会员。”[①]此后，香港成为南音国际大会奏的积极参与者。

① 吴永艺：《从东南亚南音大会奏到澳门世界南音联谊会——南音走向世界的历程与启迪》，载福建省炎黄文化研究会、世界（澳门）闽南文化交流协会编《闽南文化的当代性与世界性论文集》，海峡文艺出版社2015年版，第202页。

1980年9月，台北市立国乐团与华声南乐社合作，举办南管会唱活动，邀请东南亚地区南音社团赴台会演。香港福建体育会南音组与新加坡湘灵音乐社、马来西亚同安金厦会馆、菲律宾国风郎君社、台北华声南乐社、鹿港雅正斋南乐社共六大乐团参加了会演。

1981年8月，香港福建体育会南音组参加了由马来西亚福建社团联合会文化部南乐团在首都吉隆坡举办的第三届东南亚南乐大会奏。

在东南亚南乐大会奏的推动下，1981年，本着“共一轮明月，唱百代乡音”的愿望，泉州南音界民间社团——泉州市南音研究社发起、组织了泉州市首届元宵南音会唱，这是海外社团第一次回到国内交流。香港福建体育会南音组与菲律宾国风郎君社、泉州市民间乐团、泉州市市区南音代表队、泉州市郊区南音代表队等团体一起，参加了本次会唱。香港福建体育会南音组合奏的器乐曲《闽海渔歌》，赢得了广泛称赞，任香港晋江同乡会南音社社长的香港著名南音演唱家王丽珍也登台表演。从1982年参加活动的名单（表1）可见，后续大会唱的规模随着交流深入而扩大。此后，在泉州与厦门相继举行了11届国际南音大会唱（截至2015年），吸引了众多海内外南音社团参加，香港的南音社团也积极参与。

2000年9月，新加坡湘灵音乐社主办了国际南音大会唱，将南音大会奏的参与范围扩展到了更广泛的地区。来自中国大陆、港澳台地区及菲律宾、马来西亚、印度尼西亚、新加坡、日本等国家的14支南音代表团共150余人汇聚狮城。香港福建体育会南音组代表香港参加了本次大会唱。南音组成员参与了大会主办者精心组织的南音“踩街”活动，表演了《听见雁声悲》《无处栖》等南音传统曲目，展现了香港南音的艺术水平，并且就南音的传承发展与中外学者进行了讨论。

2011年11月29日至12月2日，世界南音联谊会首届庆典活动暨澳门国际南音大会唱在澳门举行。500多名海内外专家学者和南音弦友汇聚澳门，成立世界南音联谊会，参加国际南音大会唱及南音学术研讨等活动。香港福建体育会代表香港南音界参会，与参加会唱的各地南音团队一起，参与了大会唱的开场节目——嗳仔指《霏霏飒飒》，并演唱南音名曲

《绣成孤鸾》。

可以看到，香港的南音社团与著名弦友一直积极参与国内外南音活动，展现了香港南音的文化底蕴与艺术水平，增进了国内外南音社团之间的联系与交流。

除了积极参加南音大会唱之外，香港还是国内外南音社团交流的重要通道。20世纪七八十年代，南音弦友出访国外需在香港停留，办理出境手续；海外南音弦友也从香港进入内地。直到今天，许多闽南地区与东南亚的往返航班仍需在香港转机。如台湾南音演唱家蔡玛莉在1982年随菲律宾国风郎君社参加泉州南音大会唱时，就是从香港坐船前往厦门的。

南音的曲调随着闽南人漂洋过海，在一次次的南音会唱中响彻他乡，凝聚起海外中华儿女，构筑起海外侨胞与祖国的心桥。最终，南音又跟着游子的步伐回到了家乡，回到了最初的起点。而在南音海外传承传播、海内外南音交流的过程中，香港所起到的作用不容忽视。

表1　1982年参加泉州元宵南音大会唱的香港福建体育会南音组成员名单

职务	姓名	性别	年龄	籍贯	职业
团长	林诚致	男	64	安溪	商人
副团长	庄材雁	男	72	晋江	商人
副团长	王为谦	男	56	晋江	商人
领队	李光弼	男	57	晋江	商人
副领队	施荣煌	男	50	晋江	商人
顾问	谢必荣	男	63	泉州	商人
顾问	陈贻勤	男	41	晋江	商人
南音指导	吴道长	男	66	晋江	职员
唱员	蔡美纯	女	31	晋江	—
唱员	王丽珍	女	36	泉州	职员
唱员	施琼琳	女	16	晋江	学生
唱员	吴明玉	女	42	晋江	—
乐员	柯贤胜	男	47	晋江	医生
乐员	高文卿	男	27	南安	工人
乐员	王永超	男	32	南安	工人
乐员	蔡宗亭	男	37	南安	工人

续表

职务	姓名	性别	年龄	籍贯	职业
乐员	蔡良评	男	38	晋江	职员
乐员	施天赐	男	54	晋江	职员
乐员	施纯乙	男	35	晋江	工人

四、新形势下香港再出发

如今，恰逢国家倡导发展“一带一路”经济带的重要契机，香港正谋求在“一带一路”倡议中探寻新的发展机遇。除了在商贸经济方面有所作为之外，未来香港还应发挥自身在中外文化交往方面的优势，促进中华文化的传播、中西文化的交流，为文化丝绸之路的建设贡献自己的力量。过去，香港曾经为传承中华文化、促进文化认同做出积极的贡献，新形势下，香港能否重新发挥这种作用，确立自身的文化认同，让我们拭目以待。

翩翩福船，幽幽匠心

——水密隔舱福船制造技艺漫话*

“如果有我们这样完善的技艺，那么‘泰坦尼克号’海难就不会有那么多人失去生命了。”宁德漳湾造船厂厂长刘登传说。

时光倒回到1912年4月15日凌晨，一艘号称“永不沉没”的豪华邮轮“泰坦尼克号”在撞上冰山、船体断裂后沉入大西洋。当你听闻这个悲惨的事故后，或许会有这样的疑惑：为什么一艘重达4.6万吨、拥有16个水密隔舱的邮轮，在仅仅不到3个小时的时间内就完全沉入海底？对于造成这场世纪海难的原因，英美的许多调查研究资料都不约而同地指向了泰坦尼克号建造时水密隔舱技艺的不完善。“泰坦尼克号”沉没之后，它的姐妹船——“奥林匹克号”和“大不列颠号”被召回造船厂进行改造，其中最主要的便是改进所采用的水密隔舱技艺。

一百零三年后，在福建省宁德市蕉城区漳湾镇岐后村的海边，我们看到了一种古老的手工造船技艺，它流传了22代人，有着超过650年的历史。这项古老的造船技艺就是2010年入选联合国教科文组织评定的《急

* 本文与宁德师范学院讲师阮蕾晔合著，原载于《世界遗产》2015年第11期。

需保护的非物质文化遗产名录》的中国水密隔舱福船制造技艺。

一、因地制宜——良港良木育良船

水密隔舱福船制造技艺是人类航海史上一项伟大的发明，对于提高航海安全性起着革命性的作用。它是中国传统海船普遍采用的建造技艺，其水密隔舱的舱体结构原理一直运用至今，在现代船模制造中仍被广泛采用；它是航海安全的基本保障，曾为自1405年开始的举世闻名的郑和船队远洋航海提供可靠的保障，挽救过无数航海者的生命。

水密隔舱福船制造技艺是一项传统手工制造技艺，以樟木、松木、杉木为主要材料，采用榫接、艌缝等核心技艺，安装隔舱板，使舱与舱之间相互独立，形成密封不透水的结构形式，不但分散了船体进水的风险，还能使船体结构坚固，极大地提高了航海的安全性。

该技艺自中国近代以来1000多年间一直被不断实践，12世纪起就已大规模应用。纸页泛黄的《刘氏族谱》中详细记载：刘氏造船始祖刘帝美原生活在闽南一带。明洪武年间，社会动荡，为避战乱，刘帝美肩挑妈祖神像与福德翁树身灵像，驾海船只身到宁德避难，到宁德三都澳腹地漳湾后，见这里地理位置优越，认为此地是造船不可多得的宝地。于是，刘氏在此繁衍立业，世代以造船为生。

建衡元年（269），东吴政权在建安郡侯官县（今福州市）设立“典船校尉”一职，督造海船，并在如今宁德市霞浦县葛洪山脚下的古县村一带建立温麻船屯。温麻船屯是三国时期吴国最大的造船基地之一，利用嫡徒和征集当地工匠、劳工造船，至晋朝在温麻船屯的基础上建立了温麻县。可见，宁德自古就有造船的先天优势。位于全国海岸线中心点的三都澳，不冻不淤，锚泊、避风条件俱佳，其深水水域面积和深水岸线长度均居世界之首。历史上，三都澳曾是福建最繁华的商港之一，中华人民共和国成立后被辟为军港，近年已成为重要的渔业基地。漳湾镇依傍水深港阔的三都澳良港，拥有丰富的土地、海洋及渔业资源。“濂坑前人做艋仔，岐后匠人造船忙。西岐滩涂生旱蛤，上塘鲟仔贼仔苗。渔民巧计逮水鸭，保安塘外‘罗网蛏’。”一首传唱于大街小巷的特产歌勾勒出了漳湾镇域内各个村庄民众的生活场景，岐后村以造船技艺闻名遐迩。当地拥有丰富的木材资源，尤其是造船所需的樟木、松木等，因此岐后村造船业发达，村民多以造船为生。岐后村随处可见福船的身影，或行或泊，行则轻快，泊则闲雅；或独或群，独则独标高格，群则浩浩荡荡。

岐后村的居民长于舟楫，善于航海，岐后村是水密隔舱福船制造技艺在当代活态传承的集中地。岐后村漳湾造船厂共有造船师傅 38 人，这些刘姓师傅都是从小跟随父辈学习这门手艺的，其精湛的技艺被广泛认可，在这一技艺传承的过程中，通过使用鲁班尺、墨斗、斧、凿、刨等中国传统木工工具，不断进行着人类伟大创造力的实践活动。他们不仅是该技艺的持有人，也是当地造船业的主要力量，在技艺传承的实践活动中，发挥着极为重要的作用。

二、匠心独运——大小福船见证“师傅头”手艺

刘细秀是水密隔舱福船制作技艺第 20 代传承人。1976 年，19 岁初中毕业的刘细秀放弃当兵的机会，跟随父亲进入宁德漳湾造船厂学习造船技艺。

学艺期间，由于天资聪颖且勤奋好学，刘细秀自学了福船的制图设计，如今造船厂里许多大型福船的设计图出自他手。造船厂里像刘细秀这样能够绘制图谱的师傅并不多，但对这些造船师傅来说，不会制图设计，并不是一个太大的难题，他们依凭多年的经验，心中自有量尺。1986 年刘细秀通过不懈努力成为漳湾造船厂的主要技术人员，还受邀带队至广东海陆丰地区传授福船制造技艺。如今耳顺之年的他被船厂员工尊称为“师傅头”。

水密隔舱福船制造技艺的核心技术主要是榫接和艌缝这两道工序。榫接能使船体坚固耐用，艌缝过程以麻丝、石灰和桐油为原料，制成填充料，从而保持了隔舱的密封性。这项技艺需要在掌握核心技术的“师傅

头”的指挥下，由众多工匠密切配合完成。作为“师傅头”，刘细秀必须清楚地知道每一块木料的用途，以及它们的尺寸、位置等。在造船厂，每一个细节都能决定一艘船今后的命运，每一个钉眼的位置、深浅、大小以及每一块底板的长宽、厚度、材质，都决定着今后这艘船是不是坚固，刘细秀在每一个环节都亲力亲为。为了方便操作，造船师傅一般不戴手套，赤手拿着斧头，大刀阔斧地砍起来，木头在锐利的斧头下渐渐有了形状，经年累月，刘师傅的手上布满了黑色的深深浅浅的裂缝、老茧与刀疤。

古时候的人们认为海是龙的世界，龙是以海为生的渔民们心中的神灵。渔民把渔船幻化成一条木龙，所以船上的不少部位都以“龙”命名且沿用至今。例如，渔船底脊最长的叫“龙骨”，似人的脊梁骨，是船至关重要的组成部分；龙骨接近船首处使之上翘的连接部位叫“龙根”；船头两根直竖的木条称为“龙须”；船头两侧还钉有一双黑白分明的船的眼睛，俗称“龙目”，以利眼观八方。除了以“龙”命名外，船上其他部位的名称也凝结了古人的智慧及对船的美好祝愿，如“狗顶”“牛头”“水蛇”“走马”“福鼠”“虎牙”等。

刘师傅清楚地了解这些部位的名称及含义，不断地努力提升自己的专业素养，由他绘制的“旦子式”“尖嘴式”“平头式”“猴狮式”“艨艟式”“长艘式”等福船船型的图纸在水密隔舱福船制造技艺的传承保护中起到了重要的作用。44 年来日复一日的坚持，300 多艘大小福船便是他生命历程最好的见证。

手工技艺与机器的根本区别在于手总是与心相连，而机器则是无心的。之所以手工艺作业中会产生意想不到的惊喜，是因为那不是单纯的手在劳动，而是背后有心的控制，通过手制作物品，感受劳动的快乐，这才是赋予物品美之性质的重要因素。

三、新船下水——木头壮丁的成人礼

福船有一定的制作流程：先安竖龙骨，它就好像船的脊柱，龙骨上钉底骨、底板；用隔舱板分舱，两边装上俗称“牛头”的垂直筋骨，筋骨上加纵向的舷板，造成船壳；再盖上甲板，用麻丝艌缝、修灰、上漆、点睛，新船便诞生了。船头的两根龙须，要完全对称，船架才能够平衡。艌缝、修灰虽然是第一项要学的工序，但一点也不容易，必须做得完美，才可以确保船身不渗水。

造船是慢工活且纷繁复杂，从安竖龙骨开始到最后用麻丝艌缝、修灰、上漆常常要花数月的时间，这其中的艰辛与不易只有造船师傅才能体味。涨潮的日子，视野开阔，清风和煦，温和的阳光投射在潮湿的甲板上，温暖了船体，也撩起了刘师傅内心的兴奋与不舍。氤氲雾气，海浪的白沫欢快地飞舞，似一颗颗珍珠，光彩夺目。船员奔忙在船的这头与那头，踩踏隔垫木板吱嘎作响，好似欢快的鼓点，若是再配以锯木的长音、艌缝锤凿的短音，一定就是船台上动人心魄的交响演绎。

这一日，刘师傅所造的新船要落水启程，船厂人声鼎沸。新船下水，就好比一个木头壮丁的成年礼。下水前还需举行敬神仪式，在船厂设供桌，摆上五谷、水果、酒等祭品，点燃香烛，按船主、大副、二副等职位敬香祭拜，祈求神灵保佑。船头需钉上红色飘带，以示吉祥，希望新船一生能够迎风破浪、顺利平安。仪式完成后，随着震耳欲聋的鞭炮声响，船长一声“下水喽……”，厂里的师傅都聚集起来，合力把船推入水中。福船缓缓地驶出水道，朝着那一望无际的大海前进，开始其摇晃自在的一生。船从一堆木头慢慢成形，到下水激起浪花的那一刻，成就感和喜悦之情从刘师傅的表情中溢了出来。看着船儿渐行渐远，刘师傅深情凝视的背后是一种不舍，一种美好的祝愿。

在造船厂的每一个角落，都能找到像刘细秀这样执着的造船工匠，如第 20 代传承人刘三济、第 21 代传承人刘登福、第 22 代传承人刘朝为……他们继承了世代流传下来的精湛的造船技艺，也继承了由此而来的辉煌或艰辛。他们吃的是粗茶淡饭，住的是简陋平房，几代人都在船厂度过平凡的人生，他们造过的船不计其数，但却少有机会出海游历。退休后乘着自己造的船和家人一起出海游历，这个梦想一直以来深藏在师傅们的内心深处，也成了他们毕生坚守的动力之一。

敲打着，重复着，坚持着，日落又日出，春去春又来，造船工匠从小学徒到独立匠人，再到老师傅，他们在纷扰的世间打磨了手艺，也打磨了内心。到了体力衰退的年龄，造船工匠从造船厂退下来，留为纪念的除了一艘艘满载信念与坚持的福船外，还有满手的茧。值得称赞的正是这勤劳的双手，让水密隔舱福船制造技艺在岁月中沉淀，在时间的洪流中勇敢前行。他们在明媚的阳光中一下一下地锤击着木头，造出一艘艘载满岁月情感的船，在夜半的明月中熠熠生辉。

四、传承困境——如何守住造船人的骄傲?

由于沿海地区经济的快速发展、木船远洋的安全性、人们生产生活方式的改变以及木材逐年涨价等因素，钢铁逐渐取代木材，成为造船的主要原料。木船市场的萎缩，给传统木船制造业带来了严重的冲击。自 20 世纪 90 年代以来，传承人老龄化、报酬低、造船场地萎缩等问题，使水密隔舱福船制造技艺的当代传承遭遇困境。

一条 10 米长的水密隔舱福船市场造价大约 5 万元，工资约占造价的五分之一，这样的船一般需要 8 个师傅分工合作 180 天完成。造船厂的师傅们每天工作 10 个小时，平均一天的工钱仅 60~80 元。在其他地区，许多掌握木船制造技艺的师傅现如今只能依靠修船或者制作船模来维持生计。如何在经济高速发展的社会背景下提高该技艺的实践频率，实现水密隔舱福船制造技艺在当代的再创造，是保护工作中的重点。

传统手工技艺既是昔日百姓的安身立命之本，又是我们民族的传统文化之根。每一门手工技艺的背后，都凝结着手艺人的心血与智慧，每一个精美绝伦的瞬间，都凝聚着岁月与人生的坎坷沧桑。手艺是时间的年轮，更是一种重新把握生命的方法。心安即是归处，心念纯粹的人才能耐得住当世的琐碎与浮华。造船工匠们十指灵动之间，展现的是最真挚的坚持与最美丽的梦想。